佐藤栄佐久＋開沼博

Satō Eisaku + Kainuma Hiroshi

フクシマから考える日本の未来

# 地方の論理

青土社

# 地方の論理　目次

宮城県
国見町
桑折町
新地町
伊達市
相馬市
福島市
飯舘村
苗代町
川俣町
南相馬市
二本松市
大玉村
本宮町
葛尾村
浪江町
三春町
田村市
双葉町
郡山市
大熊町
富岡町
川内村
須賀川市
樽葉町
小野町
鏡石町
広野町
玉川村
平田村
矢吹町
泉崎村
中島村
石川町
白河市
浅川町
古殿町
いわき市
鮫川村
棚倉町
塙町
矢祭町
茨城県

山形県
新潟県
喜多方市
北塩原
西会津町
会津坂下町
磐梯町
湯川村
三島町
金山町
会津若松市
柳津町
会津美里町
昭和村
只見町
天栄
下郷町
西郷村
南会津町
檜枝岐村
栃木県
群馬県

福島県市町村地図

# 地方の論理　フクシマから考える日本の未来

## はじめに――3・11以後、私たちは何を語れるのか

郡山市内の蕎麦屋に連れていっていただく。

店内に入ると、その姿をみて気軽に声をかけて来る人。席に着き、店員もなじみがある感じで注文をとりにくる。蕎麦が出てくると、それが会津でとれた蕎麦であること、新たな名産品として注目を集めはじめていることを笑顔で話してくださる。食事を終え店を出ようとすると、今度は握手を求める人……。

その県政が幕を閉じてから五年以上が経過しても、佐藤栄佐久の福島における存在感はたしかなものだ。別にその業績を無邪気に称えることを意図しているわけでは全くないのだが、福島で「知事」といったら、「石原」でも「橋下」でも「東国原」でも、あるいは「青島」とか「横山」とか「美濃部」とかでもない、「佐藤栄佐久」の顔がはじめに出てくる人は少なくないだろう。

彼は一九八八年から二〇〇六年までの知事在任期間を通して、さまざまな施策を行ってきた。私

は、福島に住んでいる時に二度、彼と会った、というか、一方的に見たことがあった。一度目は九〇年代の初め、小学校の低学年の頃、当時所属していたボーイスカウトで白河布引山にキャンプに行った時、視察に来た「佐藤栄佐久」が遠くを歩いているのが見えた。小学生ながらに「県知事っていうのは県で一番偉い人だ」と思っていたのをぼんやりとおぼえている。

もう一度は二〇〇一年秋に須賀川市で行われていた「うつくしま未来博」の時、その会場で行われた「首都機能移転学生ディベート選手権」においてだった。

その直前の夏休み、当時高校三年生だった私は「全国中学・高校ディベート選手権」、通称「ディベート甲子園」という日本語ディベートの全国大会に出てなんとなく、理系から文系に進路を変えようと思っていた時期だった。その時の論題が「日本は道州制を導入すべき。是か非か。」というテーマだった。明治以来日本を支えてきた都道府県制を相対化しながら、これからの地方と中央の関係をいかに考え、変えていくのか。それは農業政策、環境保護、過疎・過密に対する価値観の転換、そして大都市災害リスクやエネルギー政策にまで広がるテーマであり、高校生が扱うには決して簡単なものではなかったが、それまでに体験をしたことのない知的興奮を与えてくれた。

そして、「うつくしま未来博」にあわせて行われた「首都機能移転学生ディベート選手権」でも、全く偶然だが、当時の福島県（F）、さらに茨城県（I）・栃木県（T）が「FIT構想」と呼びながら進めようとしていた首都機能移転構想をうけて、「日本は首都機能移転をすべき。是か非か。」という論題で試合が行われていた。これもまた、地方と中央の関係を高校生なりに考えながら議論をした。その時、やはり「佐藤栄佐久」がうつくしま未来博の会場をまわった上で決勝戦を視察に来て、ディベートの観戦をしていったのだった。

確かに、「佐藤栄佐久」と「地方と中央」に、私の人生はその時から遭遇していた。そして、私と同じように、福島で普通に生活する中で何度となく、何らかの形で「佐藤栄佐久」に触れてきた福島の住民の中には、いまも彼と遭遇すると心躍る者が少なからずいる。

しかし、福島における「佐藤栄佐久」と、福島の外側から見られる「佐藤栄佐久」は違うのかもしれない。

例えば、ここ一〇年で「佐藤栄佐久」はいかに見られてきたか。

拙著『「フクシマ」論――原子力ムラはなぜ生まれたのか』(青土社、二〇一一年)で描いたとおり、二〇〇〇年代に入り、原子力政策におけるトラブルの中で東電や経産省、原子力安全・保安院とやりあう佐藤栄佐久県政は、原発再稼動の許可を出さず、二〇〇三年四月一四日には全基停止する。すると、中央メディアは「知事の責任回避である」と断じ、あるいは「知事は合理的な判断を」と諭し、「自分勝手な知事」として描いた。しかし、このこと自体は、世間の大きな関心を呼んだとは必ずしも言えないのかもしれない。

その点で言えば、全国的に名が通ったのは、その知事が「抹殺」された時に他ならない。二〇〇六年一〇月二三日、東京地検に収賄の容疑で逮捕されることとなるが、この時、一一月には和歌山県知事、一二月には宮崎県知事が同じく官製談合事件で逮捕されている。そして、「改革派知事と目され清廉潔白を気取っていた首長たちが、実は地方自治の私物化をしていた悪の権化だった」というシナリオと共に「利権にまみれた知事」として描かれたのだった。だが、この時もまだ「佐藤栄佐久」は、福島の外の人間にとっては、あくまで「巨悪三名の中の一人」程度の認識であり、特段その存在が特異なものとは映っていなかったのかもしれない。

それが明らかに変わっていくのは、冤罪の問題化に違いない。二〇〇〇年代を通して、いくつかの社会を揺るがす事件において事件当事者やその周辺から検察特捜部の捜査への疑問が提示されるようになった。捜査への不信は単なる陰謀論の域を超えるようになり、それは二〇一〇年九月二一日、大阪地検特捜部主任検事証拠改竄事件が明るみに出ると共に具体的な冤罪事件と結びつく。「佐藤栄佐久」は『知事抹殺――つくられた福島県汚職事件』(平凡社、二〇〇九年)の中で自らへの捜査や裁判の経過を詳細に振り返り、その重要なアクターとなっていく。「冤罪にはめられ抹殺された知事」となったのだ。

そして、その僅か半年後のことだ。いまとなっては検察冤罪事件など大昔のことのように思える。言うまでもなく、3・11の福島第一原発事故の後、「佐藤栄佐久」は「かつて原発を止め、プルサーマルの危険性に警鐘をならしながら失職に追い込まれた知事」として描かれ、「福島と原発」の関係を語る上では欠かせないキーパーソンとなった。

中央から「見られる側の佐藤栄佐久」のイメージはその時々の社会状況を反映しながら目まぐるしく変化してきた。

しかし、その「見られる側の佐藤栄佐久」は福島の内側から見える「生の佐藤栄佐久」とは必ずしも一致しない。何より、外の人間の中にはその名を3・11以後に原発と結びついた形で知った者も少なくないだろう。しかし彼は原発だけの人ではなく、むしろ、原発は「生の佐藤栄佐久」にとってのワン・オブ・ゼムに過ぎない。「見られる佐藤栄佐久」は多くの場合「原発の佐藤栄佐久」なのかもしれないが、その実態を探るには「原発以外の佐藤栄佐久」をこそ、見なければならない。「原発の佐藤栄佐久」の判断の背景には、いかなる経験や思想、前提条件があったのか。

いま、「見られる側の佐藤栄佐久」から「見る側にいる佐藤栄佐久」に視点を移しながら、「原発以外の佐藤栄佐久」、あるいは「生の佐藤栄佐久」を探る意義は極めて大きい。それは、そこにこそ福島が「フクシマ」にならなかった可能性が、そして、「フクシマ」の未来が宿るからに他ならない。そして、その未来は「フクシマ」の未来だけでなく、日本の未来そのものなのだ。

＊

拙著『「フクシマ」論』のタイトルに、なぜカタカナに括弧つきの「フクシマ」という語を入れたのか、その意図を聞かれることは少なくない。その理由の一つには、対話の中でも触れているのでご参照いただきたいが、誤解を与えぬように言っておかなければならないのは、少なくとも、ただカタカナにしてみて字面を強調したいとか、闇雲にヒロシマ・ナガサキ・オキナワなどと並べておこうという「気分の問題」ではないということだ。無論、事実としてそのような意図や無意識的な志向の中でカタカナにした〝福島〟がメディア上で使われている状況は、『「フクシマ」論』を刊行した二〇一一年六月の時点でも既にあったし、今後も残っていくだろう。しかし、その〝福島〟のカタカナ化が、〝福島〟のある種の「スティグマ（負の烙印）化」を含意するのであれば、もっと言ってしまえば、差別につながるイメージの付与につながるように機能しているのであれば、それに抗するためにあえてその課題化・対象化をしておかなければならない。その点において、カタカナの〝福島〟に括弧をつけて、それを問う際の議論のベースとなるようにと、『「フクシマ」論』としたのだった。

3・11以降の〝福島〟のカタカナ化は、これまでめったに「見られる側」に置かれることのなかった福島が、世界史的・人類史的課題を抱えた存在として突如「見られる側」に置かれたことを示す。もしそこに違和感を覚えるものがいるとするならば、それは「見られる側の福島」と「生の福島」「見る側の福島」との間に横たわる差異への感覚に違いない。すなわち、「生の福島」「見る側の福島」の実態とはかけ離れた形で、「フクシマ」＝「見られる側の福島」の像が、日本にとどまらず世界中を浮遊し構築されていっている。そして、「見る側」にとって都合のいいように消費されようとしている。その現実への戸惑いと抵抗感が生まれはじめている。

仮にそうだとするならば、私たちがまずなすべきことは、それが「スティグマ化」することを避ける手立てを考えることであり、それだけではなく、「見る側」から抜け出し、「生の福島」「見る側の福島」に寄り添いながら、「見られる側」に閉じ込められかねない「フクシマ」をその箱の外に解き放ち、むしろそれを正のブランドへと転倒させていく可能性を模索することに他ならない。

本書がなそうとしているのはその出発点の一つを用意することだ。

*

## 学問に何が可能か――

『お前はただの現在にすぎない』（朝日新聞出版、一九六八＝二〇〇八年）。

後にロシア革命へと向かう若きトロツキーの言葉を引いたその著書は、六〇年代末、激動の渦中にいたテレビ製作者たちが、サブタイトルにも掲げられた「テレビになにが可能か」という問いに向き合いながら苦闘していった記録であり、まだ日本でテレビ放送が始まってから一五年ほどしかたっていない黎明期に刊行された名著とされる。

そこで、テレビの特性を考えるために、「時間」を切り口に「テレビではないもの」として例示されるのが権力と芸術だ。時間を再編しながら歴史を提示する「権力」。あるいは、時間を選択・内面化しながら作品として提示する「芸術」。両者の役割をテレビがとって代われるのか、あるいはとって代わるべきなのか。恐らくそれは違う。テレビの持つ同時性、即時性という特性の中では「権力」や「芸術」の為すことを為そうにも必ずしも上手くはいかない。その欠点に対して「権力」や「芸術」からは「お前はただの現在にすぎない」と否定の言葉を投げかけられるであろう。では「テレビになにが可能か」。

そこで提示されるのが、「現在をあるがままに提示する」テレビの特性だ。そして、そこにこそテレビの価値がある。時間を追うことによってのみ独自の表現を持ち、そうしようとするテレビの価値を自覚し、それを前面に押し出す。その時に、権力にも芸術にもできない、「現在」そのものを創り出すテレビの独自性が明らかになり、「お前はただの現在にすぎない」という否定の言葉は、その通りだ、「私はただの現在でありたい」、そしてそのことによってこそ、テレビが、他のものにはとって代わることのできない独自の役割を確立するのだ、という肯定の言葉に転倒する。それがこの本の主張だった。この主張は必ずしもテレビに限られることではなく、広くジャーナリズムの役割を明確化したものと言ってよい。自らの力の不足に対する蔑みを「だからこそ何よりも存在する意義があるんだ」と反転する怒号だ。

しかし、そもそもトロツキー自身の「お前はただの現在にすぎない」という言葉には、必ずしもそのような捻られた意味が込められていたわけではなく、むしろ、ストレートな叫びがこめられている。一九世紀の人々は、二〇世紀におけるよき社会の実現を期待した。しかし、実際に現れた二〇世紀には、憎しみと殺戮、飢餓と流血が溢れていることがわかる。描かれた理想に対して現実はあまりにも過酷だった。そして、二〇世紀はトロツキーに対して、よき社会などこない、諦めろと語りかけるのだった。しかしトロツキーはぶれることなく夢想を続ける。その時に返したのが「お前はただの現在に過ぎない」という言葉に他ならなかった。すなわち、現に絶望が目の前にあることを見せつけられたとしても、それが「ただの現在にすぎない」のだと、「変えること」を望む姿勢を崩さないのだ。絶望的な現実を前に浴びせられたその怒号は「だからこそそれを変えうるんだ」という状況の反転への可能性に開かれていた。

いま、「フクシマ」を通して見せつけられる少なからぬ絶望を前にして、私たちは何を為せるのだろうか。かつてだったら、政治に、科学に、あるいはジャーナリズムに、その絶望を「変えること」を期待できたのかもしれない。しかし、3・11を経た私たちは、それらへの圧倒的な不信とともに、その時代が少なからず過去になったことを痛感している。

それらにかける言葉は容易に見つからない。そして、本来それらの不全を明らかにし、批判すべき立場にある学問は、3・11までの、あるいはそれ以降の事態に確実に「加担」してきた。安全神話を構築し責任を追及される側に立つことになった者は口をつぐみ、一方、本来暴力的な無関心の中で自らもその一端に加担してきた者たちは、その責任を自問する間もなく、鬼の首をとったように責任を追及する側にポジションをとり、安直な「希望」を騙り、忘却の再生産を促している。いま、そこに怒号を浴びせかけなければならない。「お前はただの過去にすぎない」と。

体制にとりこまれ「御用学者」を続ける。あるいは糞の役にも立たないきれい事を掲げながら「反体制気取りの体制」のポジション争いに努める。そして根底にある問題は見過ごされ、むしろ3・11以前にそこにあった構造はより強化される。お前は決して未来ではない。否、「現在をあるがままに提示する」ことすら侮ろうとするお前は現在ですらない。そして、そんな学問に3・11以降の未来など捉えられるはずがない。

しかし、学問にできること、学問にしかできないことは残っているはずだ。例えば「ジャーナリズムは治療・手術、アカデミズムは死体解剖」という喩えが示すのは、その過去への探求の志向だ。死んだ時間を掘り起こし、真実を明らかにしていく中にこそ、その特性があるのかもしれない。

私が『「フクシマ」論』で行ったのも単にその作業をしたに過ぎなかった。意外なことかもしれないが、福島に行って町史を見ても、県史を見ても、あるいは原発に深く関わった政治家の手記を見ても、原発のことなどほとんど取り上げられていない。だが、そもそも「権力に近い」「権力に対して目立っている、目立たせたい」ものに偏るのが「歴史」だとするならば、そこにある「歴史」にこちらが期待することのすべてが用意されていると思うほうがそもそも無理な話だ。

3・11以前の日本の原子力の、そして戦後成長の中心点の一つであった福島。その中心点においてすら、原発について、そういった意味での「歴史」はなかった。そしてそれに問題を感じたがゆえに膨大な過去を振り返りながらなされた拙著における作業は、手前味噌ながら3・11以後の「フクシマ」を語る上での議論のベースの一つと捉えていただいているようにも思う。

それは、歴史的研究にせよ、フィールド調査にせよ、そこに観察できた過去に徹底してよりそう作業だった。そして、それが学問の学問たる意義をあらためて明らかにし、その未来への可能性を開いていくことにつながる。

「学問、お前はただの過去にすぎない」。しかし、だからこそ何よりも存在する意義があり、だからこそ現実を変えうる。学問は軽はずみに現在にすりより、虚ろな未来を語ろうとする姿勢を捨て、愚直に過去を描き出していく中でその意義を保ち、成果を生み出していく、「ただの過去」であるべきだ。

「フクシマ」は、原発とセットで語られ、眼差されるためにあるのではない。「フクシマ」の未来はいかようにも開かれている。「フクシマ」となる以前、福島が何を語り、いかなる未来を目指してきたのか。そこにこそ暗闇の中に差しこむ一筋の光があるのではないか。いま私たちは「フクシマ」を乗りこえるため、重層的な歴史の再構成を促す道具を用意する必要がある。

本書は、震災以降、私が佐藤栄佐久氏と続けた対話をもとにまとめたものだ。それは誤解を恐れずに言えば、学術的には政治家・佐藤栄佐久のオーラルヒストリー[1]、3・11以後の時点における回顧録・史料と読むこともできるだろうし、一般書として、3・11以後の社会を考えるヒントを探るための対談とも読めるだろう。いかなる読みをするのかは各々の読者に任される。学術的な価値を高めるための作法や明確な答えの提示という点では不足を感じる読者もいようが、震災から日が浅い中での記録をより多くの方々に読んでいただき、これからの議論や将来への構想の土台としてもらうことを優先したことをご理解いただきたい。

二〇一二年二月八日

開沼　博

# 第1章　3・11以後から考える

**開沼**　3・11以後に多くの問題が明らかになったと思います。しかし、今回明らかになった問題は、3・11ではじめて現れた問題ではなく、それ以前からの日本社会が抱える問題そのものだったのではないかと思うんです。そこには「地方」と「中央」の関係や、戦後の経済成長を冷静にかえりみてこなかった歪みが集まっているのではないか。この問題意識はずっと前から持っていました。そういう問題を分析する上で、拙著『「フクシマ」論』のもとになる原稿を二〇〇六年から書きはじめたわけです。二〇一一年の一月、つまり3・11前に一度書き終えて、3・11の後に考えるところを書き足して刊行しました。そこでは、3・11とそれに続く原発事故は、日本の戦後成長が終焉にいたったことの象徴であったと分析しています。

私は、それが、このような原発事故という形でのハードランディングにおちいることを避ける可能性があったとするならば、おそらく福島県においていえば八〇年代末から二〇〇〇年代に至る成長期からポスト成長期とよべる時代への移行期に求める以外にはないのではないかと考えています。そして、その時期の福島県政――佐藤さんが知事だった時代ですけれども――を見直すことで「もしかするとありえたもう一つの日本社会の姿」を考えていくことはできるのではないか。そういう思いで今回は、佐藤さんに、福島から、そして地方から、日本の未来を考えていくようなお話をうかがいたいと考えています。

もちろんそれはただ佐藤栄佐久県政を理想化しよう、「よいしょ」しようという話ではありません（笑）。佐藤栄佐久県政の根底にあったもの、肉を落としていった際に現れる「骨格」、つまり県政の動きを可能にしつつ制限もしていたもの、そのものに迫っていければと考えています。そこに提示されている理想や思想を検討しなおす。そのことによって、もう一度社会を見直すきっかけになっていくのではないか。そして、これからありうべき日本社会を構想することができるのではないかと考えています。

## エネルギー政策と地方

**開沼**　まずは話のきっかけとして、やはり原子力発電所との関わりから、エネルギー政策についておうかがいします。

エネルギーを確保していくということは歴史的にみても地方の力が必要だということがあります。つまり、3・11があってようやく認知されるようになりましたが、福島県では猪苗代で作った電力を東京に向けて送るということを明治時代からやっていた。いまになって「自分で使うわけでもない電力を福島に作らせて東京はその電力を搾り取ってきた」なんていう言い方をする人もいますが、別にそれ自体はいまに始まったことではない。むしろそもそも日本の近代化の裏側には、もちろん福島県だけではありませんが、都会に送るための電力を作る地方の姿がつねにあった。つまり、これまでも、少なくとも近い将来にも、東京だけでエネルギーを確保していくということはありえない話です。東京や「中央」の輝かしい近代化という表側は、必然的に「地方」という裏側を必要とした。そこにおいて原発の問題も出てくると思います。一番大きな問いからおうかがいします。今後、日本および福島の原発はどうなっていくのでしょうか?

**佐藤** あまり知られていませんが、福島県の発電量というのは日本全体の一割、東京電力では四分の一を占めていたんです。今回の件で、原発は「一世代の産業」で、世代間の共生はできないということがはっきりしてきました。原発が地域を滅亡させて巨大な廃棄物を残していくもので、新しくなにかの産業につながっていくということはないわけです。しかし、正直言って、私がはじめからそういうふうに思っていたというわけではありません。知事に就任したころ、未来永劫、原子力で地域は栄えるんだ、くらいの認識だった。知事の仕事においてエネルギーの話というのはあくまでワン・オブ・ゼムです。何かの制度や施設を県として作って運営するという話もあれば、教育の話や、医療・福祉の話もある。さらに、エネルギーの中でも原子力というのは水力・火力と並べて考えたらワン・オブ・ゼムと言えます。福島県内にはそれらの発電施設もありますから。そういった意味では、原発のことを、もちろん軽視していたわけではないですが、そればかり注視していたというわけではありませんでした。

**開沼**　しかし、スタートの時点では県政の重要課題から外れていたにもかかわらず最終的に佐藤さんは知事時代にプルサーマル計画の停止などさまざまな形で国が提示してくる原発政策への異議申し立てを行ってきた。二〇〇〇年代に入ってからのことです。原発に対する認識が変わってきたきっかけはどこにあったのでしょうか？

**佐藤**　はじめに違和感を持ったのは、知事に就任して三年目に原発立地自治体から増設をしたいという話がきた時でした。町の財政状況が悪いわけでもないのに、なんで増設しなくてはならないのか、と。その後は、プルサーマルを止めるという話に至るまで、立地自治体だけではなく電力会社や国に対して徐々に不信感がたまっていきました。そして、ただそれを黙ってみているわけにもいきませんので、県庁の中で、そもそも原発とは何なのか、技術的な側面も、地方自治の側面も含めて勉強をするような体制を整えていきました。例えば、原子力専門の部署を整備し、大学で原子力についての専門教育を受けてきた人材を県庁の職員として雇った。ただ上から降ってくる話を聞いているだけではダメだと思ったわけです。

いまの状況を考えると、原発という選択肢はこれからの日本のエネルギー政策において、もはや、ありえないですね。ただ、これからの日本のエネルギー政策をどうするかということに関して、私がここでなにか言うべきだとは思いません。二〇年近く知事をやって、原子力そのものに関してはいいとも悪いとも言いませんでした。ただ、立場は明確に示してきました。二〇〇三年の八月号の『論座』に「原子力政策をブルドーザーのように進めるな」ということを書いた。上から、全てを無視してつぶしながら行うのが原子力政策ならば、それは間違っていると言わざるをえない。そのときに、応援の論文として、飯田哲也さんが原発は「空っぽの洞窟」で、もんじゅとか再処理といったものは現代の戦艦大和だと書いてくださった。二〇〇三年くらいから、世界各国で急激な勢いで自然エネルギーが増えているんです。かたや、日本の自然エネルギーの割合はほとんど増えていません。原子力だけできているんです。世界的な状況を見ずにあくまで原子力に固執している。異常な状況ですよね。

**開沼**　そういったことは３・11以前、あまり日本では認知されてこなかったですよね。

**佐藤**　日本が原子力だけでやっている間に世界では太陽光をはじめ日本の技術を使って自然エネルギーを伸ばしてきたんです。これからの日本のエネルギー政策は、いまの硬直化した、原子力しか考えないような経産省の原子力ムラのやりかた、まだなんとか原子力を維持していこうというやりかたではなくて、自然エネルギーの利用を前提にして考えていく必要がありますね。そういうなかで福島県の役割というのは大きいと考えています。それは知事在任当時から変わっていません。

**開沼**　なるほど。しかし、そのようなことを指摘し続けてきたにも関わらず、３・11があり、このような状態になってしまった。いまのお話をうかがうと、ただ国や中央官庁の意見や方針に従っているだけではなく、佐藤さんのように地方の立場に立った考え方や視座を持つことが必要だということを感じます。地方がイニシアティブをとりながら、言うべきことは言って、やることはやっていかないといけないわけですね。

**佐藤**　原子力そのものについて、私はそんなに深い認識があるわけではありませんから、基本的にはどういう展開が可能かということは分かりません。しかし、いま言えるのは、できるかぎり双葉地域をもとのように戻してもらうということです。除染もできるだけしていく。汚染された土壌からセシウムを吸収できるような植物を植えるという案もありますね。

**開沼**　例えば、東京大学の児玉龍彦先生は焼却炉の排気口に特殊なフィルターをつけ、セシウムが気化するほどの高温でそういった植物やガレキを焼却することで、一〇〇％近くセシウムを除去できるというような話をしていらっしゃいますね。色々な研究機関が知恵を絞っている最中です。

**佐藤**　そうですね。いずれにしても、あの地域をできるだけもとの状態に戻してもらう。そして、帰ることができる人、帰りたい人には帰ってもらう。そうしないと、あの地域がぽっかり空白地帯になってしまう。交通網も寸断されたままになり、永遠に車も通れない状態になってしまう。いわき市や南相馬市など、ほかの地区に対しての影響も極めて大きいです。もちろん、考えていないとは思いますが、お上の都合であそこをちょうどいいから核のごみ捨て場にするなんて話にされたら、困ったことになる。また国の言いなりになり、国の思惑に左右されるようなことは避けなければならない。その抵抗をいま福島県としてはやるべきだという認識です。双葉の地域の力だけではむずかしいでしょうから、県でやっていく必要があると思います。

**開沼**　震災の前ですが、二〇一〇年の一二月に佐藤さんとお話したときに、将来にわたって原発を置き続けるのは方向としてはよくないとおっしゃっていました。ただいますぐなくせばいいのか、あるいはなくす方針を出せるのかというと、簡単には判断できない状況もまたあるかと思います。

　例えば、あそこの経済がどれだけ原発で成り立っているのかという問題がある。いまも原発の復旧作業で膨大な雇用が生まれている。原発への依存ということからすると、そう簡単には捨てられないというのが地元の側の論理としてある。福島以外の原発立地地域の声を聞いてみると、事故が起こってもなお「原発を置いてもらわなければ困る」といった声が強く、実際選挙をすると原発推進側の候補が勝ってしまう。これはなんなのか。別にその地域の方たちが原発利権にまみれて、うまい飯食って、いい車乗りたい、いい家住みたいとか、そういう話ではない。これだけの事故が起こった後も原発に依存し続けるしかないのは、原発立地地域に対して、単純にそれ以外の選択肢が示されない、行政の側としても示しようがない状況、日本の地方自治の困難がそこにあるのではないかと私は思います。そういった議論をすることもなく、とりあえず今すぐ原発をすべてなくしてしまえばいい、とか、そうではなくても、中央主導でぶっ壊してしまえばいいというのは、私自身非常に抵抗感がありますし、それは地域の住民の方にはなおさらあることでしょう。

このような事態を経てもなお、中央側の「これからも原発を置きたい」という欲望はそう易々となくなるものではありません。善悪は別にして、これまでの経緯と現状の姿勢を見れば今後の大きな流れは明らかです。国内においては、原発の再稼動に向けて動き、皆が忘れたことに再度もとの推進政策へと回帰していく。対外的な原子力インフラの輸出政策も日本の成長維持のために必要だと取り下げることはしない。その中で、原発を維持するにせよ、なくすにせよ、まずは、さきほど言ったように3・11以後も軒並み原発推進・許容派が選挙を通して民主主義的に原発を選んでいるように見える、地元の側の論理、つまり「これからも原発を置かれたい」思いをいかに捉えていくかということが省みられるようにしなければならない。そうしないと、半年、一年たったら、原発のことなどいまほどニュースにならなくなり結局「現状維持」されてしまう。そういった点では、中央の側から見ていたらなかなか見えにくいとは思いますが、まずはその地域の実態がいかなるもので、そこにいた人々が何を考えているのか見ることが、いま必要になっていると思います。

**佐藤**　そうですね。だから、この事故が起こっても、外から見ていたら理解しにくい状況だとは思いますが、少なからぬ人が町に戻ろうということを言います。

ただ、現実として、少なくとも大熊町にある福島第一原発の一号機から四号機についてはダメだと。これから原発をなくしていくための労働力は必要とされるかもしれません。町に帰ろう、という人たちのなかで半分以上が家族に一人は原発関係者がいるというような状況でしょう。もし、いずれ彼らが町に帰ったとしたら働くところがないわけですから、そういう状況をどうしていくか、開沼さんの言うようにたいへんに悩ましい問題です。

簡単に、すべて廃炉にできてしまうのか。福島第二原発については問題がなければ稼働させることができるのか。いいか悪いかは別にしていろいろと考えられています。はじめは、すべて止めて廃炉にしろ、という声が、郡山の原正夫市長も言っていましたが、避難している人たちと話してみると帰りたいという声が多い。この人たちが帰ったときに仕事をどうするかというのは、やはり住民の方と話をしたときに考えなければならない課題として浮かび上がってくる。

反原発や脱原発というのはこれまで小さな範囲での動きだったかもしれません。しかし、いまは広い範囲になってきています。マスコミがそれをつぶしにかかっていますが、世論としては脱原発になってきていることは確かです。その流れの中で、どのように地元のみなさんでやっていくことができるかも含めて、政治はさまざまな角度から考えていかないといけない。

**開沼**　おっしゃる通りだと思います。政治の中に地元の声が反映されない。その背景にはいかなる原因があるのでしょうか?

**佐藤**　例えば、このような状況になってしまった重要な背景であり、また反省すべきことの一つでもあるものとして選挙制度の問題があるでしょう。それまで中選挙区制だった選挙制度が、一九九六年の衆議院選から小選挙区制になってしまった。それまでも小選挙区制が導入されようとする動きは何度もありましたが私はその度に反対してきました。

**開沼**　その理由は？

**佐藤**　小選挙区制というのは二大政党制を目指して作られたものですね。原発政策に限って言えば、経団連から支援を受けている自民党、それから電力総連などの労組の支援を受けている民主党、二大政党になったのはいいですが、このどちらも原発理解者です。これは非常に不幸な状況と言えます。二大政党制になって、どちらの政党も原発について理解があるということは、これからの政治の展開に非常に困難な課題とその解決方法が必要になってきていることを示します。小選挙区であればいずれ憲法改正のために必要な議席数である総議席数の三分の二にはなるだろうくらいの考えでそうしたのであれば、日本にはなじまないのではないかと思っています。

**開沼**　なるほど。小選挙区制をめぐる問題については、あとで詳しくおうかがいしたいと思いますが、佐藤さんがおっしゃったように、そういった制度が作られた当時、あるいは制度導入初期にそのデメリットを指摘した人は少なからずいただろうし、新聞やテレビでも批判的に扱われたこともあったでしょうが、時間が経つと「なんだかんだで問題なく回っているんだからいいんじゃないか」と議論の焦点から外れ忘れられていってしまう。原発の問題もまた同じ構造の中にあった。いまでこそ、みんな「前から知っていた、関心があった、問題意識を高く持っていた」みたいな顔をしているかもしれませんが、事実として3・11以前に福島に原発があってそこから東京に電気が送られていることすら知らなかった人が大多数なわけです。3・11以前の社会は確実に原発の存在を忘却しきっていた。ただ、それ自体は今更責めても何もうまれませんし、ある面では人が必ず物事を忘れるように、社会も忘却を避けられないということは現実として認識しなければならないところだとは思います。

しかし、そんなことを言っていても仕方ない、いますぐ議論すべき課題が既にそこにあるのは確かです。現状認識の上にその問題点を解決していく方針が必要になってきている。私もこういうむずかしい状況をどうすればいいのかを社会学者としていろいろと考えているんですけれども……。佐藤さんには政治家としてのご経験からぜひ少しずつ解決策につながるお話をうかがいたいと思っています。

## 震災後の対応をめぐって

**開沼**　震災直後から、政府の対応にはさまざまな批判の声があがりました。

原発事故が深刻になっていく中での当時の枝野幸男官房長官の「ただちに健康に影響はない」という言葉は、はじめこそ「過剰に危険性を煽る情報が飛び交ってパニックに陥ることを避ける」上では有効であったと評価することもできたでしょう。ただ、状況が進行していくのにもかかわらず同じことをただ繰り返し続けているように見え出した。途中からはただの説明不足、隠蔽と言われても仕方ないものとなってしまいました。本来であれば、現状でそう判断した根拠と今後のリスクと展望を提示すべきだったがそれができなかった。

社会の秩序が乱れると、秩序回復のためにコミュニケーションが必要になる。例えばそれは、人間関係で何らかの不和があったら私的にでも、あるいは裁判など公的機関をつかうでもして、とりあえず秩序回復のためのコミュニケーションをとる、じゃないと葛藤が残ってしまうのと同様の話です。ただ、コミュニケーションが必要になっているのにコミュニケーションに必要な情報が足りないと、関東大震災はじめ歴史上の大きな災害時には常に起こってきましたが、デマ、不確かな情報の錯綜が起こってしまう。

**佐藤**　その点で混乱をひきおこした政治の対応はあまりにもひどかったと思います。「対応した」なんていえる状況じゃない。

**開沼**　あえて擁護してみれば、ノウハウがない中では健闘したとも言えなくはないかもしれません。

**佐藤**　といいますと。

**開沼**　つまり、地震・津波という「自然のリスク」、火災とか疫病とかも同じですが自然が人間に襲い掛かってくる脅威については、例えば有名になった「津波になったらだれかれ構わずてんでんばらばらに逃げろ」ということを意味する「津波てんでんこ」という三陸の言い伝えのように、社会には長年の対応ノウハウの蓄積がある。一方で、原発事故という「人工のリスク」、人間が作ったもの自体が人間に襲いかかってくる脅威にはまだ十分な対応ノウハウがない。震災とか伝染病の流行とか「自然のリスク」に対しては、例えば「ただちに身の安全が脅かされるということはなくて、むしろできる対策をおこたり今余計な混乱を招いたほうが危ないから、とりあえず落ち着きましょう」となだめることが自然災害への危機対応の政治として一番にしなければならないことでしょう。

**佐藤**　そうでしょうね。

**開沼**　ただし、今回はそれに加えて原発事故という「人工のリスク」が現実化した。そして、言うまでもなく、それへの対応は「自然のリスク」への「なだめる」対応だけでは不十分だった。そうであるが故に批判が生まれましたが「とは言え、ノウハウがないなかでやれるだけのことはやったじゃないか」という見方もできなくはないわけです。

しかしながら、そう擁護してしまったら、じゃあ政治家に「前例がない、ノウハウがない、だから対応できません」が許されるのかという話になってしまう。政治思想において「例外状態[2]」という言葉があります。端的に言えば、前例や既存のルールでは対応できない「例外」の中での対応にこそその時の政治の本性が現れるということを意味している言葉です。その点では、細かい言動に対する批判はありましたが、それ以上に危機に対する根本的な政治の無効さがあったと言えるかと思います。

震災対応について最もうかがいたいのは、よく言われる「現代の政治家の資質の低下」の問題です。二世議員だ、タレント議員だ、で政治自体にかつてのような状況を変えたり引っぱったりする力がなくなったということはしばしば言われることです。じゃあ、例えば、この状況を歴代の大きな政治家だったらうまく乗り越えられるのか、別の動き方をしていたのかなどと考えると大変興味深いのですが、いかがでしょう。

**佐藤** やはり、リーダーシップという点で言えば訓練不足だったということは否めないと思います。総理でも、大臣でもみんなそういう感じがしますね。

政治の力を発揮するという観点では、ここ一〇年ぐらい打ち出され続けてきた「政治主導で官僚をコントロール」するという方向は、少なくともその理念自体はよかったんです。自民党から民主党に政権が変わって、それが以前よりも進むかのようにも見えた。しかし、どうも近年の政権は、表紙は正しくても、中身を間違ってしまったんでしょうね。いいか悪いかという問題はありますが、例えば小沢一郎さんが総理なり指導者的な立場であれば、官僚との関係と言う意味ではもっとばっさりと切ってしまったかもしれません。そうでもしないとこれまでの仕組みを根本からは乗り越えられない。

さまざまな問題のたびに指摘されていますが、いまは政治が官僚を主導するなどと言っていながら、完全に官僚にコントロールされています。いくら政治の側に決定権があるんだといっても、官僚をそう簡単にコントロールできるものではありません。

**開沼** むしろ、官僚はただ政治家に使われてきたわけではない。五五年体制下だったらかつての自民党でしのぎを削っていた個性の強い政治家たちをコントロールしようともしてきた。

**佐藤** だから「官僚をコントロールするぞ」と乗り込んでいっても、結果としていまのような状況にならざるを得なくなってしまったという感じでしょうね。震災からもうずいぶんと経ちますが。私が総理でももっとうまくやったね（笑）。

**開沼**　（笑）。

**佐藤**　言うまでもなく、普段の政局への対応と比べた時に、震災対応はあまりに大変なことだったでしょう。しかし、仮にその対応に関わっていたならば、少なくともいまとは違った方法を採っていたでしょう。情報の公開ひとつとってもそうですね。私だったら役人のことをもっと使いますね。役人は使って当たり前ですから。それは、ただ役人に言うことを聞かせればいいんだという簡単な話ではありません。

役人というのはとても優秀です。的確な方針を示せば確かな成果を出してくれる。「役人が優秀じゃないから政治主導だ」などという話ではなく、「優秀だからこそ」政治家が使うべきなんです。どこでどう間違えたのかはわかりませんが、少なくともいまの震災対応の状況はかなり混乱しているように見えます。役人と衝突したらしたままで問題を先送りしたり、逆に衝突もせずに勝手に判断を下したり、周囲がついていけない形で政治家が動いてしまっているのかもしれません。

**開沼**　急にリーダーになってみたものの、官僚との信頼関係を築くようなやりとりに時間をかけることもなく、闇雲に「政治家がリーダーシップを発揮しないと」と思い、しかしそれは空回りして結果としてただの独りよがりになってしまっている。そのような状況がいまはあるということなのかもしれません。

その点については、佐藤さんは八三年から参議院議員として竹下登内閣で大蔵政務次官などを歴任し、八八年に福島県知事になられた。五五年体制の時代も、それが崩れていった後も常に政治の現場にいらっしゃったわけですが、自民党政権のときと現状を比較した時に、その最大の変化や差異はどこにあるのでしょうか。

**佐藤**　ヒトのつくり方でしょうか。私は自分自身が大臣になったりした経験はありませんのでわからない部分も多いですが、国会議員時代に下から見ていてわかる範囲でも「人材育成」をする仕組みはありました。すでに長く経験のある先輩につきながら、ある政策に強くなる、その中で官僚との意思疎通や駆引きもできるようになる。その仕組みの存在全てが必ずしもよかったというわけではないし、その行き着いた先が現在の自民党ということなのでしょうけど。国政に関して私が知っているのはもうずいぶんと昔のことです。

知事になってからの中央省庁の官僚とも、あるいは県庁の役人ともやりとりは大いに経験がありますが、自民党にせよ民主党にせよ、そういった人材育成という点について言えば、かつてと比べたらまあどうしようもないですね。「政治主導にする」と言っても、主導できるだけの人材が政治を行っているのか。そうでない限りは政治主導でも官僚主導でもない、今回のように混乱を生む政治になってしまう。知事の仕事をしてきた経験から言えるのはそういう認識です。

**開沼**　単純な疑問なんですが、不思議なのが、アメリカだとバラク・オバマ大統領にしても二〇〇三年に国政に出て二〇〇八年に大統領になって、たいして期を重ねていないにもかかわらず、あれだけのリーダーシップをとれる。小選挙区制で二大政党を目指すということをはじめ、しばしば日本が「アメリカ型の政治」を目指すべきだという話はされてきました。ただ、「アメリカ型の政治」を目指した結果がいまの状況だとすれば、それにしてはリーダーシップの欠如は明らかです。舶来モノを理想化するだけして、いざ導入する時は上っ面だけ似せてみたが中身が空っぽという状況。結局、悪しき和洋折衷に留まってしまっているのかもしれない。

**佐藤**　そうですね。オバマはときどきすごい判断をしていますよね。もちろん、そもそも日本とアメリカは国の成り立ちも違えば政治制度が作られてきた歴史も違いますから単純に比較できませんが、リーダーシップ観の違いやその日本における欠如は確かです。

少なくともいまの政治にはリーダーシップはありません。これは民主党政権になって急に始まったことというわけではないもっと根深いものではあるでしょう。ただ、だからと言って、リーダーシップをとれれば誰でもいい、どんな政治でもよいものとなるということは全くありません。ある面ではリーダーシップというのは、独裁制、ファシズムのような政治にもつながりかねないものですから。国民がなんとなくリーダーシップを求める状況ということは、政治が弱体化しているということではありますが、もう一方では多様性を捨ててでも一つの方向に全てが向いてしまうような全体主義的なものにもつながりかねない危険な現象だと私は思います。

クリントン政権の副大統領を務め、ノーベル平和賞をとったアル・ゴアと私は直接会ったこともあり人柄も知っています。ゴアは大統領にしたかった政治家でした。東部エスタブリッシュメントの典型的な人物です。彼がジョージ・W・ブッシュに大統領選で負けたときに、アメリカの方向性は大きく変わってしまったのではないかと思う。日本までもがそれに悪い意味で影響されてしまった。いま考えればおかしかったと言えることも、当時の状況の中では誰もおかしいといえない雰囲気があった。二〇〇二年一二月、福島県が県議会で全国で唯一の「米国のイラク攻撃」に対する反対決議をしたのもその中でのことでした。

**開沼**　あの当時はマスメディアも含めて、誰もその戦争を否定できない雰囲気があったのを覚えています。あるいは、あの戦争自体があの時のアメリカだけではなく、日本を覆っていた雰囲気が間違っていたというような意見は、さまざまな結果が出揃い冷静になったいまの状況だからこそ言えることです。

当時はアメリカは善であり、その敵は悪である。だから、アメリカがすること、それを支援する日本がすることを否定する者というのは、アメリカの敵であるテロリストを肯定するということを意味する、とでも言われそうな、いま考えれば滅茶苦茶な論理がまかり通っていた。その雰囲気の中で、別に社民党や共産党が言うわけではなく、福島県が県議会をあげて、もちろん知事も一緒になってそのような反対決議を出していたという事実はいまとなっては非常に価値があることです。

**佐藤**　そもそも福島県は自由民権運動が盛んだった歴史があります。三春町出身の河野広中をはじめ数々の自由民権運動家を輩出したのが福島県です。政治の風土として、日本がおかしい時にはおかしいと言う声があげる雰囲気があるんですね。

**開沼**　たしかにそれは私も感じるところです。よく福島県の歴史として全国的に言われるのは幕末の会津藩と中央政府との間の軋轢みたいな話ですが、もちろん、そういった源流もあるのかもしれませんし、それだけでは説明しきれないほどの地域性がここにはある。

私は『「フクシマ」論』の中で福島県の戦後を通じた歴史を振り返りましたが、佐藤さんも含めて「中央から押し付けられる不条理をただで受け入れてなるものか」というストーリーが県政を動かしてきた。これは他の自治体にだって多かれ少なかれあるだろう点かもしれませんが、しかし、非常に重要な話かと思います。

例えば、戦後のいわゆる「逆コース」、GHQに占領される中で作られた民主的な制度が方針転換される風潮の中で非常に有名なトピックが二つあります。一つは一九四九年の松川事件で、これはいまも謎が多い事件とされていますが労働運動・労働組合の動きを国が牽制したのだろうという見方がされることも多い。もう一つは一九五三年にスト規制法によってなされた電産スト潰しです。電産というのは「日本電気産業労働組合」、つまり電力会社の労働組合ですが、電気供給する所でストライキをされてしまうと停電が頻発して困るということでスト自体が法的に規制され、できなくなった。これらはいずれも日本中を賑わせた話ですが、その主要な舞台としてともに福島県が関わっている。松川事件は現在の福島市で起こった列車脱線事故から始まっているし、電産ストでは猪苗代の発電所で発電停止がなされた。一般的には松川事件のほうが有名かもしれませんが、電産スト潰しは、いまに続く電力における「労使協調」というか「労使一体」路線、つまり、原発事故後に話題になった「原発推進に関してはきれいに労使協調する電力系の労組。その支持を受ける民主党」という問題の始まりにあると言ってもよい事件です。そう考えると、いま福島県が置かれている状況というのは、歴史的に見て非常に根深いものであり、ある面ではその帰結が歴史的宿命でもあるとすら言える、なんとも皮肉なもののようにも思えてきます。

## トカゲのしっぽきり

**開沼**　今回の震災に関するマスメディアの報道についておうかがいしたいのですが。

**佐藤**　マスメディアは、中央の原子力ムラの側の論理でしか動いていない。見ていてそう思います。

もうみなさん忘れているかもしれませんが、菅直人さんが浜岡原発を止めると言って、これで原子力政策に関してはいい方向に進むのではないかと思ったのですが、海水注入の問題をめぐって滅茶苦茶に叩かれたことがありましたね。原子炉の冷却ができなくなった際に誰の判断で海水注入を中止したのかという問題です。ことの本質を間違えてしまってはならないことですのでみなさんに言っていることなんですが、重要なのは「結局誰が悪いのか」ということです。これに関しては、事実関係でいうならば保安院がチェックしなかったということが悪い。これだけの大事故になっても、チェックしないで四日間も予算委員会で海水を止めたか止めないのか大騒ぎをさせていた。事実関係をチェックしようと思えば、現場に行って聞けばいいだけですから簡単にできるんです。海水を止めたことを前提に議論がされていましたが、結局、事実としては海水注入一時ストップはしていなかったわけです。これは首相が悪いというよりも保安院が何の事実関係もチェックしていなかったということのほうが大きな問題だということを間違えてはいけない。この話もよくわからないままに終わりになりましたが、保安院の完全なミスですよ。意識的なのではと思われる程のミスです。菅さんは能力があったのかなかったのかはわかりませんが、菅さんが完全な悪者ということになって、話はうやむやのまま収束してしまいましたけどね。

**開沼**　経団連など財界が、勿論全てがそうというわけではないとは思いますが、大きな方向性として原発を維持しようという動きは3・11以前と同様に今後も続くのでしょうか。

**佐藤**　経団連の米倉弘昌会長はいい加減な発言していますね。「千年に一度の津波に耐えているのは素晴らしいこと。原子力行政はもっと胸を張るべきだ」なんていう。

もう少しこういう状況のなかで考えるべきことはあると思います。「日本のために現状を変えていこう」といった雰囲気がないということが、非常に癪《しゃく》に障りますね。これはただ経済的な合理性とか科学技術力の欠陥とかいった小さな問題ではない。日本がどういう国であったのか、これからどういう国になるべきなのかという問題そのものです。
原発が事故を起こしたことの根底にあるのは何か。例えば、チェルノブイリの事故が起こったのは、ソ連が情報統制されるような国家体制下だったからです。情報を隠蔽し、操作し、体裁だけ保とうとする。どんなにでたらめなことがあったとしてもです。今回の原発事故やその後の混乱がなぜ起こっているのか。日本の根底に同じような体質があるためだと私は思います。たしかに、ソ連は共産主義国家で日本は民主主義国家です。しかし、体質の根底にあるもの自体は何も変わらない。私は知事在職中からその体質を実感し、正すべきことは正そうと力を尽くしてきました。国や電力会社がそんなにでたらめなことをしているわけがないと思っていた方たちも、震災以後のテレビや新聞を見てその体質のおかしさがよく分かったことでしょう。
これを、今回の事故から学んで改善していけるように考えていくのが本来のあるべき姿です。

**開沼** 原子力行政・産業・メディアを中心に、今回の事故から学ぶべきこと、これまでの方針を変えなければならないことはあまりにも多い。しかし、そういったことを議論する以前に、いかにこの事態を収拾してまたもとの状態に戻そうかといった意向がかいまみえる。時が経てばみんな忘れる。その時まで静かにしておけばいい。「ことなかれ主義」の中で熟成されてきた問題点が一気に噴出しているのにもかかわらず、さらに「ことなかれ主義」の上塗りをする状況があるようにすら見えます。

**佐藤** その点は大いに不満です。事故後の世界の反応、とくにヨーロッパの反応などを見ると、日本はグローバルに通用する常識的感覚がないのではないかとさえ思えてしまう。
国が率先して物事を隠し、地域住民の事情を考慮せずに頭越しで物事を進めていってしまう。地方自治体こそが一番優先されるべき「関係者」であるというのは民主主義の鉄則です。情報の公開も民主主義の常識です。そういう部分が日本では出てこない。

**開沼** 地方自治体の問題、あるいは、地方と中央に存在するより根深い問題をいかに考えていくのかということも重要な点かと思います。
非常に不謹慎な仮定ですが、もし今回の原発事故が首都圏や関西の都市部で起こったらもっと状況は違ったかも知れません。人口が集中する都会から離れたところで起きているから、もちろん放射線の被害については気になったり、国や東電の対応に反感を持ったりする人も多いけれども、じゃあ二〇キロ圏内はじめ、地元のことはどうなのかという点については極めて限られたイメージのもたれ方しかしていないようにも思います。私自身、毎月、東京から福島県に通いながら、中央で報道されていることと実際地元で起こっていることとのギャップがいかに大きいか実感しています。中央の側にはある種、他人事という感覚、つまり、とりあえず収束すればいい、脱原発で声を上げればいい、結果的にではありますが現場である地元のことは二の次だといった、無意識的な地方軽視の感覚が根底にあるように感じることもあります。

**佐藤** 事実、そうなんだろうね。現実には、もはや福島だけが現場ではなくなってしまったということは何より大きなことだと思います。日本全国で今回の事故の影響は出ている。でも、それにもかかわらず解決すべき問題が解決されないどころか、国民的な議論につなげていく上で明確にすらなっていない状況があると思います。

このあたりはマスコミの報道の問題なのではないでしょうか。その時々で出てくる個別の事象についてはそれぞれ報道もされますが、本質的な部分に踏み込まない。これが悪い、これが間違っているということは指摘されますが、その根底にあるなにを変えなければならないのかという議論にはならない。そんな気がします。

**開沼** 同感です。

**佐藤** この政治家が悪い、この仕組みが悪いといった論調ばかりで、原発問題の本質、つまりこういった情報の隠蔽体質を断ち切るにはどこを潰して、何を増やせばいいのか。そういった大きな体質改善に踏み込まず、個別の悪を作り、それを叩き潰すだけで終わるというのは、どう考えてもおかしい気がするんです。例えば、原子力安全・保安院が経済産業省とつながっていることの問題点は指摘されているし、じゃあ、それをどう切り離したり移したりするかといった議論はあるしそれ自体はいい。ただ、切ったり貼ったりするだけでよしとするような水準で話が進んでいってしまっているようにも見えます。ことの本質は推進する側と規制する側を持続的に分け、緊張感を持たせることなんです。そこを議論せずにちょっとした入れ替えをするだけで満足してしまったら「トカゲのしっぽきり」になってしまう危険性は大いにある。現在までの議論は、「同じ穴のムジナ」である東電と国、もっと言えば、一見東電の陰に隠れて見えないけど「本当のムジナ」である国のいい加減さと知事時代にさんざんつき合ってきた立場から言えば、残念ながら根本的に状況が変わっていく見通しはたっていない。

**開沼** それはどうしてなのか……。

**佐藤** これだけの事故が起こり、甚大な被害が発生し、国民的な議論がなされる土台もできた。しかし、なかなか現実の政治が改革に向かって進まない。穿った見方ですが、もう、誰かが仕掛けているとしか（笑）。

**開沼** そう思いたくもなりますね。

**佐藤** あと一〇年も経てば、ネット中心の時代が、いま以上にやってくる。そうすると、そこでの情報のやりとりということが無視できないレベルになるでしょう。中国でさえ、現在すでに無視できないような事態になっていますし。しかし、情報公開やそれにともなって起こるであろう国民的議論の可能性を、これからのネット文化の発達に期待しないといけないというのは少し悲しいですね。

**開沼** 強固なというか、日本社会にこびり付いたというか、原発を取り巻くあまりにも変わらない、変えることがむずかしい構造は、佐藤さんが知事をされているときからそうでしたでしょうし、それが現下の状況の中でも維持されている。

この原発の維持に関する要素を私は『「フクシマ」論』の中で二つに分けて捉えました。一つはいまあったような中央における原子力行政・産業、「中央の原子力ムラ」の保守性・閉鎖性があるでしょう。もう一方にある地方の側の原発や関連施設の立地地域、つまり「地方の原子力ムラ」もある。この両者が日本における原子力を維持してきたし、これからもしていく。

そういった点では、「地方の原子力ムラ」をもう少し細かく見ていこうという動きがもっとあるべきかと思っています。外から見たら、福島県の原発を受け入れた人たちはきっと今回の事故で後悔しているんだろう、すぐにでも原発をつぶしたいんだろうと思われているかもしれないけれども、実際はそう単純ではない。ある町の首長は「どうにか原発を動かし続けてもらえないか」と言っている。福島県以外の原発立地地域でも「原発をなくすぞ」という具体的な声は上がってこない。端的に言えば、その背景には原発と共存することでこの地域は戦後ずっとやってきたんだという部分、これからもそれでいこうという志向があるんだと思います。そして、無意識的にであったとしても、全ての日本で暮らす人がその上に成立した成長の上に胡坐をかいてきた。自分は3・11まで原発とは関係なかったと思っている人も、実は自分がその上にあぐらをかき、それが重石となって原発を巡る強固な構造が形成され維持されてきたことを自覚しなければならない。道を歩いていて急に後ろから殴られるように、誰か自分とは関係ない悪い人が勝手に進めてきたものに急に被害を与えられたというような捉え方をしているうちは何も変わらない。自分自身の問題なんだと自覚する必要がある。そんなふうに思います。

## 原発を抱きつづけるということ

**開沼**　原発をいまでも抱え、手放さないでいる地域が日本でたくさんあります。原発と地域の関係をどのように考えていますか。

**佐藤**　二〇一〇年に山口県の上関原発予定地を見て話をしてきました。上関町はそれを構成する祝島という島側と本州側とで、そこに昔からある原発建設計画に対する賛否が割れて問題になっている地域です。特に二〇一〇年、祝島の方々の中で根強い反対運動があるのにもかかわらず、中国電力が半ば強引に建設の準備を進めようとして住民の方たちの怒りもピークに達した。祝島の方々は昔から漁業で生活していますが、対岸側に原発ができてしまうと、そこからでる温水で海の生態系が変わってしまいこれまでどおりの漁ができなくなるんではないかと言う。瀬戸内海の穏やかな自然が原発によって一変してしまう。どうにか食い止めなければならないという動きが起こっている。

もちろん、みんながみんな原発建設に反対しているわけではない背景にはもっと根深い問題もあります。さきほど開沼さんもおっしゃった経済の問題です。少子高齢化が進み、農漁業だけではやっていけないよ、という声もあってそこに原発が入ってきている。

ここで私が考えること、言えることは明確です。はっきりと結論は出ていると思っています。原発というのは地域にとって三〇~四〇年は、事故が起きない前提でいうならばですが、経済的には大きな意味があると思います。雇用もできるし、少子高齢化に一定の歯止めになるでしょう。しかし、四〇年後には巨大な廃棄物がそこにできあがってしまう。

「そうではないんだ」と色々な計画や案を国や電力会社は言ってくるでしょう。でも、そういうまやかしの中で今回の事故につながるような状況ができてきた。問題もごみも先延ばし先延ばししてきたんです。もんじゅや使用済み燃料再処理工場の状況を見ていると、間違いなく巨大な廃棄物が出てももっていくところがない。高レベルの放射性廃棄物も原発のなかに置かれつづけているわけです。次の世代がそこでまた原発を作れるかというと、むずかしい。そういうことを前提にしながら考えるべきだということを上関では言ってきました。広島は反核の都市だといって自分のところには原発を作りませんでしたが、そう遠くないところに作ろうとしていることには変わらない。

住民の話も聞かずまさに「ブルドーザーのように」原発建設を進めていく状況になっている。福島県の経験からいくと、こんな体質でやり続けたら、これからどんな問題が起きるか分からない。事故が起こったときに、上関周辺だけではなく瀬戸内海全体が汚染される可能性だってあるわけです。ご承知の通り瀬戸内海は閉じた形をしていますからその被害は極めて深刻なものになります。希釈されるから海に汚染水が出ても大丈夫だ、なんてことは本来、絶対に許されることじゃないんです。放射能汚染というのは時空を超えた問題です。福島の事故については日本というのは太平洋側に隣接した国がないから悠長なことを言っていますが、世界的に見たら、まったくもって度し難いことをしたんです。これが瀬戸内海だったら全滅します。

**開沼**　震災後にしばしば引用されるドイツの社会学者であるウルリッヒ・ベックは、現代社会が抱えるリスクについて、時間と空間を越えて広範囲に拡大すること、国や企業が恣意的に価値の基準を決めること、リスクと貧困が交換されることなどを特徴としてあげます。まさに、そのような形で分散していたリスクが表面化し、今後もそれが進行する状況がある。困窮の中にある地方が生き残ろうとした結果が、実は地方の息の根をとめ、それだけではなく半永久的に人を拒絶する土地とする結果を招いてしまうことにもなりかねない状況をつくってしまった。

そして、今回の事故は福島県に実際にそういう危機をもたらしている。憶測でもいいですが、これから原発が福島県にとってどうなっていくとお考えですか。

**佐藤**　いまの状況が落ち着いていくことを前提にしてお話します。

何度も言いますが、私は、基本的に、あの地域を、いま避難なさっている住民の方々が戻れるように、どうやってしていくかという視点で進めていかないといけないと思っています。県がその地域においてこの問題をきちん解決するために、国にも電力会社にも住民にも訴えていかないといけないですね。除染の問題、補償の問題、避難の問題、色々ありますが、まずはいまも進行しつつある福島第一原発の状況をいかに早く確実におさえるかということが大切になると思います。

**開沼**　私は今回の事故について歴史上、二つの学ぶべき事例があると思います。それは沖縄と水俣の抱えてきた歴史です。
水俣との関連で言えば、健康被害がこれから何十年というスパンで補償問題になってくる点。沖縄との関連で言えば、いきなり原発から二〇キロ圏内の人は居住権や財産権といったものを取り上げられたという点です。これから、もしかするとホットスポットなどでも同じようなことが起こるかもしれない。補償金というかたちで補償がされても、それが「この問題は終わった」というアリバイに使われてしまっては元も子もない。補償や原発の復旧が実現されたとしても、それがすぐに復興というかたちにはつながらないということも大いにありえます。

**佐藤**　そこが一番、大きなテーマですよね。国に対して、言うべきことを県が主張していかなければならないでしょうね。

**開沼**　国とどのように協力し、あるいは対峙するのか、いまの時点で言えることもなかなか多くはないと思いますが、大きな方針として、国とはどういう関係性を作っていけばいいのでしょうか。

**佐藤**　これだけのことをやられたわけですからね。対峙という言葉がいいかどうかは別にして、やはりこれだけの犠牲を国としてどう考えるのかという部分を明確にさせることが必要ですね。県としては、中途半端なかたちで妥協してしまったらダメですよね。
まずは、放射能や汚染を封じ込めて拡大させないノウハウを国の内外を問わず集めてフルに生かすことを前提に可能な限りもとの状態に戻してもらうことからでしょう。

**開沼**　保安院や経産省の体制がおかしいということは、もはやこれまで知らなかった人々も含めてみんな分かってきている。これからの原子力やエネルギー全般に関する中央の省庁のありかたはどうあるべきだと考えていますか。

**佐藤**　少なくとも、現在議論されているような話では足りない。体制はなってないですね。言うべきかどうかわかりませんが、さきほども少し触れました通り、私が以前から主張している保安院と経産省の分離はいまさらやっても遅いかもしれません。まあ、やらないよりはやったほうがいいでしょうけれども。ただ、これがごまかしに使われてしまうという可能性もある。保安院を分離しました、安全規制庁という名前だか知りませんが、これで全て終わりですという形でね。

実は二〇一〇年にも同じことを言ったことがあるんです。当初むしろ他の原発立地地域に先んじた形で認めていたプルサーマル計画を私は二〇〇一年に凍結しました。福島県ではやらせないということを決めた。結果的に、私が知事を退いた後、プルサーマルに関する大きな議論はされぬまま二〇一〇年プルサーマルを認めてしまいましたが、それまでの、なかなかプルサーマルを実現できない状況の中で、国のほうでは保安院を分離して、それを言い訳にしながらプルサーマルをやろうとした意図が見えたんです。「ほらちゃんと中立的な立場に置いたでしょ」というね。そうやって建前だけ作って、本音では影響力を持ち続けるような形に向かって行こうとしていたんでしょう。

**開沼**　なるほど。

**佐藤**　しかし、経産省というのはどうしようもないですね。報道によると局長クラスはまったく現地に入ってもいないらしい。鉄面皮といいますか、管理する気も責任をとる気もないのでしょう。

**開沼**　だからこうなったんでしょうね。

いまも、例えば、補償のために電力会社を合併してとか、一部自由化すればとか、発送電分離してとか、そういった何か制度をいじくろう、そうすれば全て解決だ、というようなある面で楽観的な話が出ていますが、仮にそういった策が実現したとしても、おっしゃる通りで、たぶん国の側はそれを利用して「この話は終わりだ」といったアリバイに使う可能性が高い。

**佐藤**　彼らはそういうのがうまいですから。するすると逃げ道を作ってしまう。根にあるものを変えなければなりませんね。そのためには根気強く主張すべきことを主張する、譲れないところは譲らないということが大切です。

## 地方から考えることがなぜ必要か

**開沼**　あの地域が、そもそも明日以降入れないと言われて、人が追い出されている状況というのは、法律的にみても、歴史的にみても、許容されることはない対応だと思います。それぞれが、その地域に何十年と住んできた。その中で守られるべき居住権や所有権、さまざまなものを持っている。にもかかわらず、その地域に明日から入ってはいけないと言われ、あろうことか入ると罰則さえある。

これが、例えば、戦争のような非常時であれば仕方ないと言えるのかもしれません。いまも住民の健康被害を心配して、あるいは空き巣対策としてこのような措置をとっているんだよという親心的なものとして理解することも勿論できる。しかし、非常時の措置としてではなく、日常的にこの状況が継続してしまおうとしている。数ヶ月、数年単位ではなく、五年、一〇年単位でこの状況が続くとなると、例えば沖縄の米軍基地の問題と同様に、自分の家に帰る、自分の物を使うことも許可が求められ、拒否されることも出てくる。

人を締め出す状況が続けば、当然「人が住めない、住まない土地」という既成事実を作った国は自分の都合のいいように土地を使いやすくなります。じゃあ、ここに折角だから処分場作りましょう、貯蔵施設作りましょう、なんなら原発もっと作って、軍事施設まで作っちゃいましょう。もし自分が「国の合理性」に則って行動することを求められる実務家の立場だったら、という思考実験をすれば当然のごとくそういうシナリオを考えるでしょう。

現状は、少なくとも誰の都合なのかわからないけれども、そういう本来、正当性が極めて怪しい措置をみんながなんとなく受け入れてしまっている状況にあると思います。

**佐藤**　そうですね。そういった、事故が起こる前に、国が散々やっていたブルドーザーのようにことを進めようとする強引な動きが、事故が起こってもなお、いや、むしろ以前以上に地方自治を脅かそうとしてくることは当然想定していかなければならないことですね。その視点を県が持って「そこに住んでいた人、近々帰って住みたい人がいるわけだから、こういう形でやってもらわないと困る」ということを国に具体的に言っていかないといけない時期に既に入っているのかもしれませんね。もちろん、それは住民に近い市町村のレベルで言えればいいのですが、特に震災以降、市町村が機能を失ってしまっている部分がありますからね。

**開沼**　「自分の家に帰る」ということに対して「国が一時帰宅させてやっている」みたいな話になっている。もちろん被曝被害や治安対策も含めて勘案した上で、可能な限り自由に帰宅できる体制を作る。その方向に向かって動いていくべきだということを大前提にすえるべきかと思います。

**佐藤**　知事時代に応援してくれた方々とはいまでも交流があり、こまめに話をうかがっています。よく聞くのは、一時帰宅の順番が問題になっているということです。あの人たちはわたしたちより先に一時帰宅した、わたしたちは後回しにされたということが言われている。バスの数にも限りがありますから、順番待ちが大変だということです。この状態はすぐには終わらないでしょう。例えば、「梅雨のまえに屋根の壊れているところを修理して、水が入らないようにしたい」というような、その時々のささやかな望みすら制限されている。自分の家にもいけないし自分の物も持ってくることができない。こういったことがただでさえ被害を受けて苦しい思いをしている方たちの中に新たな軋轢を生んでしまっているのはよくないことですね。住民の方たちの思いをベースに対応策を考えて、できるだけ早いうちに制度を整備する必要があります。

**開沼**　新聞やテレビでも、避難している方や避難所の報道が震災直後に盛んになされましたね。はじめは衝撃的でしたが、慣れというのは恐ろしいもので、もういまはそこでみんな平和に生活しているように見えるただただ「日常の風景」になってしまっていた。

私自身もいまは都会に住みながら生活をしていますから、こういったおかしなこと、非日常のことが日常のもののように思えてしまう、「まあ、いいんじゃないか」としてしまう認識が非当事者にはあるように思います。ですから、佐藤さんがおっしゃるように、県で対応なり要求なりをしていくということは重要です。中央の人に認識されていない問題は議論の対象にすらなりません。

牛肉でどれだけセシウムがでた、といった話ももちろん大切な問題ですけれども、まだ仮設住宅などで生活している人がいる、あるいは家に帰ることを国に禁止されている人がいることを忘れられないようにしないといけないということはあるかもしれません。

**佐藤**　おっしゃるとおり、被災者の方々が、それぞれ仮設住宅や借り上げ住宅に入るということになってくれば、報道も減り、被災者が見えなくなってしまうということはあります。そうすれば、事故のあとの処理や家に帰るという問題が世間から吹っ飛んでしまう可能性はある。みんなが注目してくれているうちは起こらない問題も、注目されなくなった時に色々明らかになってくるでしょう。これには抗えない部分がある。これから、具体的にどうするか。これは本気で取り組んでいかないとダメだね。地方のことを地方が主体的に考えていくことの大切さ、重要性をあらためて感じます。

**開沼**　いま笑い話みたいな感じで、あの地域はもう汚染されているから最終処分場にしてしまおうといったようなことが言われますが、誰も入らない状態であの地域が五年や一〇年たってしまったら、本当にそういうふうにされてしまう可能性も否定できない。容易に立ち入ってしまえばいいという話ではもちろんないですけど、それこそ国のペースで進められ、利用されてしまう。今回のお話のテーマでもありますが、「中央から地方」ではなく「地方から中央」に向かう考え方、発想の転換をしていかなければもはやいけない時代だと感じます。それは、地方の利害だけを考えてということではなく、結果として日本全体のためにもなるということです。「中央の人に認識されていない問題」そして「中央において議論の対象にすらなっていない問題」の中にこそ、気休めの安直な「希望」ではない、今後到来するであろう社会の「忘却」を乗り越えて根底から価値観を変える、今後の日本を構想するためのヒントがあるのではないか。これから、そのための具体的な方針、あるいは考え方の枠組について、佐藤さんと議論を深めたいと思います。

# 第2章　めざすべき地方の姿を考える

## いま必要とされているリーダーシップとは何か

**開沼**　では「地方」について、3・11以後の状況にとどまらない、より普遍的な、佐藤栄佐久県政の「骨格」そのものに迫れるように話を深めていきたいと思います。

3・11以後の状況を見ても、地方の問題なのに中央主導で話が進められていく。東北の被災地をどうするかということについて実際にそこに住む当事者の意向が反映されない。復興大臣が来たと思ったら「言うこと聞かないならばなにもやらない」と恫喝していく。それは当然メディアの問題にも関連します。週刊誌の特集の変化が象徴的でしたが、最初の一週間は瓦礫の山のひどさを、次の一週間は復興への「希望」のある話を、その後は原発を。原発もはじめはとりあえず客観情報を中心に「安全・安心」だという識者を中心にした論調が多く見られたが、途中からどうもそうとも言ってもいられないということでスキャンダラスに原発・放射性物質が危険だということを、いまから振り返れば、過剰に煽るような形のものも含めて出てきた。しかし、こういった流れはメディアの興味であり、もっと言えば、それを見る人々の興味を切り出したもののあらわれにすぎません。現場・当事者の中ではその時、その場所によって全ては同時進行している。それを踏まえずに、中央で勝手に盛り上がり、議論し、それを地方に持っていけばそれでいいんだというような風潮の中で、現地の声が黙殺されてしまっている部分があるように思います。

そして、このことこそが、原発に関する問題の根底にあるようにも思います。佐藤さんが県知事をなさっていたときに原発を止める選択をしましたが、当時は、新聞中央紙をはじめとする中央のメディアの中には福島県の判断を咎めるような論調がかなりありました。しかし、本来咎められるべきなのは福島県との間での合意形成に失敗した国であり、電力会社でもあったわけですよね。原発を動かすか否かという点での最終的な判断は県知事がするというルールが当初から定まっており、佐藤さんは動かさないほうが県にとっていいという判断をしたまでのことで、それを「ちょっと中央にとって都合が悪いんで動かすのが当然ではないか」とメディアも書くし、おそらく、いま盛んに脱原発云々、復興云々言っている人たちも、その時は「確かにそうだなぁ」と、あるいは「福島県はそうやってゴネてゆすって何か引っ張りたいんだろう」とすら思っていた場合もあったでしょう。

それは、自らが「中央の論理」に立っていることへの無自覚さから来ているものです。一見、「良かれと思って」の善意からの判断だったり、合理的な解釈だったりをしているようでも、それは地方を他者化、つまり、起きている事態を「ひとごと」としてしか捉えていない上で成り立っている論理に過ぎない。これは極めて利己性をはらんでいながら無意識的に作られがちな論理でもあります。本当に、原発の問題、復興の問題をどうにかしたい、というならば「中央の論理」にたっている自分の姿を自覚し、「地方の論理」を理解していく必要があります。そうしていたら、なぜ一〇年前の時点で福島県が原発に対して慎重な立場をとったのか理解できたでしょう。そしてこのような事態にまでは至らなかったと言っても過言ではありません。

3・11が起こったことがきっかけでそのような構造が分かりやすい形で現れましたが、もしそうではなかったとしても、近年、世間を賑わした少なからぬ問題の根源にあるのは、この「中央の論理」が社会を蹂躙する状況です。例えば、それは沖縄の基地の問題であり、財政破綻した夕張の問題であり、八ッ場ダムの問題であり、TPPの問題であり、あるいは、都市ほど注目はされないが、それと同じかそれ以上に深刻な雇用の問題を抱えるのが地方であり、それは若者・ワーキングプアの問題にも関わってきます。

ここではそれらの各論について深めるようなことはしませんが、そういった種々の現代的な問題の根本にある病巣を大づかみに把握し対処するためにも、「中央の論理」が普遍化している状況に対して、いかに「地方の論理」を取り戻していくのかということこそが重要になっていると思います。そして、その「地方の論理」に、佐藤さんの政治的な実践とその経験の中から少しでも迫ることができればと思っています。

**佐藤**　わかりました。私の経験の中からできるお話をしていきたいと思います。

**開沼**　なぜ佐藤さんに「地方の論理」をうかがおうと思うのか。それは佐藤さんの実践されてきた、ある面では自治体の首長としては独特にも見える政策や意思決定の軸に、いま申し上げた「地方の論理」が垣間見えるように感じるからです。

福島県の政治の歴史や近年の状況に特に詳しくはない方、まあこれは逆に詳しい人のほうがごく少数でしょうが、そうではない大多数の方、あるいは佐藤栄佐久県政に詳しくない方のために簡単にご説明をしますと、佐藤さんのご著書である『知事抹殺』にも詳しいですが、佐藤さんは自民党の「保守本流」と呼ばれる宏池会所属で参議院議員をされていた時期もあったわけですが、単純に「自民党の保守政治家」とレッテルを貼ってしまっては理解しきれないようなことをしばしばされてきたように見えます。それはもちろん原発についてもそうですし、ジェンダーや環境の問題、あるいはイラク戦争についての福島県独自の決議などについてもそれはいえるかと思います。そういったことの根底にあるものをうかがっていければと思います。

まずは、佐藤さんの「リーダーシップ論」、あるいは「ヒト」への考え方についてうかがえればと思います。

福島県以外の自治体の職員の方や地方新聞の記者の方などと話をさせていただき色々情報交換をすると気付くことがあります。組織に必要なものを語る際に「ヒト・モノ・カネ」といった言い方がありますが、現在の地方においてモノ・カネの問題も重要ではありますが、それを解決するために、あるいは、それが解決できる条件が既に揃っていたとしてもヒトの部分がうまくいかない、不足しているという感覚を皆さんお持ちだということです。

あえて、単純な話にしてしまえば、若くて地方のために動いてくれる人材はどんどん都会に出て行ってしまい帰ってこない。そのような地元に残った人たちは色々な試行錯誤をするんだけれどもやることが多くてなかなか問題に対応できない、新しいことができないという状況になってしまっている。この「地方からの人材流出」というのは何もいま始まったことではなく、明治以来の日本の近代化の中で、都市化、戦時の召集や移住、農業の衰退と工業化、などその時々の要因の中で、少しずつ形を変えながらも常にあったものです。

しかし、「地方からの人材流出」は解消される方向に向かうほどの大きな問題とはされなかった。それは中央の側から見れば「地方からの人材流出」はむしろ歓迎されることだからです。中央は「地方からの人材流出」を利用して産業化を進めてきたし、結果的にそれが日本全体を豊かにしてきたというのは事実でしょう。

しかし、その一方に地方にいかなる結果がもたらされたのか。それは端的に言えば地方が空っぽになっていったということです。地元の商店街がシャッター街になった、産業が衰退した。モノ・カネが、ハコの中からなくなって空洞になっていったことはもちろんですが、それ以上にヒトがいなくなっていってしまった。

**佐藤**　おっしゃるとおりだと思います。どこの自治体においてもその問題は深刻です。

**開沼**　地方自治論において「地方自治体が国の出先機関化されている」などとしばしば言い表さ

れてきたことにも象徴的なところかと思います。中央省庁という本店に対して、地方自治体という支店がついているようなイメージの中で行政が行われている。そうするとどうしてもヒトが中央の側に偏ってしまうし、もし地方の側から必要なことをしようとしても中央の意に反してしまえば「支店」の権限ではそれができないから上手くヒトを生かせない状態に陥ってしまう。

佐藤さんがよくおっしゃる「イコール・パートナー」という理念にもつながるかと思います。本店と支店ではイコールではありません。どちらも独立した利害をもった本店同士であるという関係の中で初めてイコールになる。協力し合えることは協力するが、そうではないところは議論をぶつけなければならない。そういった対等な関係性を作るということが現状ではできていない。

しかし、原発政策における実践がそうであるように、佐藤さんはその「できないこと」に挑戦しようという姿勢を持っていたように思います。制度やシステムを変更すべき箇所はあると思いますが、それ以前の問題として、先にも少し出ましたが他ならぬ佐藤さんのリーダーシップがその挑戦の根底にあったのではないでしょうか。

まずは、そのリーダーシップの基盤となる、自らの周辺のヒトの配置についてはどうだったのかうかがえればと思っています。

**佐藤**　わかりました。

**開沼**　人事についてもいろいろとお考えがあると思うのですが、例えば、人事というのは失敗してしまったら、当然、権限をその人に渡すわけですから、ミスをしたり、思わぬ方向に暴走してしまったり、リスクがあるかと思います。そのあたりから佐藤さんの中にどのような原則があったのかということからうかがえませんか。

**佐藤**　どのようなヒトの配置をするのかということについては、やはり一緒に仕事をしながらその人がどのような仕事ぶりなのか常に見ているわけですし、何らかの役職に任命する際には私自身がこの人なら間違いないという思いで任命しています。他人任せにしたり、あるいは慣例やルールに従った決め方をしたりはしませんでしたね。

そういう意味では、おっしゃるように、まさにリスク管理と同じですよね。法令とマニュアルでしか動けないようでは非常時に組織の動きは止まります。危機はマニュアルを越えてやって来る。普段からトップが細かい部分、遠くて見えにくい部分まで見渡しているから枝葉まで水が行き渡り全体として生きた組織となる。

自治体の長というのは、任命者であり、組織の責任者として人を動かしていかないといけないわけです。トップやトップの意を受けたその部署の責任者である部長や課長がどう動くかというのは自治体にとって非常に重要なテーマであり、むずかしい問題ですよね。

それができていないと、ちょうど集まった義捐金が被災者の手になかなか渡らないでいる問題がありましたが、折角みなさんが善意でしてくださった募金によって義捐金が集まったというのに、分配が遅くなってしまうというような問題も起こる。なにがなんでも公平でないといけない、それを考えだすとうまく分配できないというようなことを考えているうちに、結局、誰も得をしない状況になってしまう。

**開沼**　人がマニュアルを使っているのではない。マニュアルが人を使い出す本末転倒な事態に陥っている。危機の中で、普段は隠れている組織やシステムの問題が表面化するということですね。

**佐藤**　そう。人が組織を作っていくのではない。組織に人が使われている状態ですよ。ルールとして決まっていることしか対応できない。まさにシステム上の欠陥なわけです。

役所だってまったく同じような状況が起こりうる。だから現場には臨機応変に自由に動けということを伝えたうえで、上に立つものがリーダーシップを発揮するということが必要なのではないかと私は考えています。非常時であったり、新しいことをしようとする時であったり、その時にこそリーダーシップが試されるでしょうし、組織の真価が試されます。

**開沼**　なるほど。ご指摘の通りかと思います。

リーダーシップが必要な状況とそのあるべき状態は分かりました。では、そのリーダーシップそれ自体はどうすれば鍛えられるのでしょうか。

佐藤さんは経営者をされていた時期、そしてその後は若い経営者の全国的な組織である青年会議所(3)でご活躍されてきた時期がありました。そういった場での経験を通してリーダーシップについて実践しつつ考えてこられたのだろうと推測します。しかし、それは佐藤さんにとってはそうだけれども、他の人には適用できないものかもしれません。リーダーシップ論としては、例えばビジネス書などでは「リーダーはかくあるべし、上司はこうでなければならない」などと語られているわけですが、どうしても抽象的になって結局定型化されていない個々の具体的な問題に対してどう対応すればいいのかわからなくなるものか、逆に、ハウツー的になって個別の事例でしか通用しないものになるのかに振れてしまう部分もあるかと思います。これまでのご経験上、政治家や行政官に必要なリーダーシップというのはどのように鍛えるべきなのか。いかがでしょう。

**佐藤**　さきほども出した例ですが、菅さんが浜岡原発を止めますと言いましたね。ああいうのは、リーダーシップの訓練になるわけです。

意思決定までのプロセスでは政府の中でなんだかんだ言ってなかなか方向性が定まらなかった。「脱原発」と言いそうになると経産省や○○族といった連中、マスコミも含めて、わっと菅さんをつぶしにかかった。菅さんが海水注入を停止させるという判断ミスをしたということでマスコミに叩かれた時には、事実関係のチェックもしていないことを保安院が話して四日間も騒がれて、それからよくチェックしたら止めていませんでした、ってわけです。この四日間で菅さんはめちゃめちゃにされた。けれど、自分が命令したら中部電力は浜岡原発を止めたと。この件で、私は菅さんが自分のリーダーシップを認識するのではないかと思ったんです。リーダーシップというのはうまれつき備わっているものではなくて、何回も重要な決断をしていくうちに、自分はリーダーシップがあると確信できるようになるものです。そういう意味で浜岡停止では菅さんはいい経験をしたのではないかと思いました。リーダーシップがあったと評価される政治家で言えば、例えば小泉純一郎さんが総理の時も、勿論大きな理念はありましたが、はじめからリーダーシップがあったわけではなく、小さな決断を繰り返していく中で、周囲との軋轢をどう調整するのかを学び、度胸もつき、結果的にあれだけ印象に残るようなことを実行する力をつけたんだと思います。

**開沼**　国政で言えば、内閣にいるのか、そうではない一議員としているのかで中央官庁との関係性が大きく変わり、県政で言えば知事であるのか県議であるのかで県庁はじめ諸機関との関係性が大きく変わると思います。

例えば、自民党政権の時には、いまとなっては「官僚主導」と批判されているわけですが、実際には官僚と適度な距離感をとりつつ政治家が上手く手綱を引いているという面もあった。だとすれば、五五年体制崩壊以降はなかなかそれが上手くいかなくなったとも言える。しかし、自民党政権時代には中曽根康弘さんや宮沢喜一(4)さんを持ち出すまでもなく、官僚上がりで政治家になり、非常に力を持った例はいま以上に見られたわけで、単純に「昔は官僚の言いなりになっていた。これからは政治主導になるべきだ」というような話を見ると、そんな割り切れるものでもないだろうと思ってしまうところもあります。

**佐藤**　やはり役人は優秀です。極端な話、政治家が放っておいても大きなミスはしない。だから、役人の言ってくることを聞くのが一番楽だし、自分が責任を取らなければならないようなミスを避けることにもつながる、という側面はあります。しかし、その「役人に頼りきる楽さ」の上にあぐらをかいているのなら政治家なんていりません。大きな判断が求められる時にこそ、どんなに圧力がかかっても政治家は動かなければならない。政治家には、その権限が与えられ、自主性が求められているわけですから。

最近は原発再稼動の問題がでてきていますね。ここもまた内閣が、裏で糸を引いている連中にころっとやられたんだと私は思うんですよ。政治家なら、世の中の動きなりをもっと分からないといけない。早く稼働しないと電力不足に陥って大変なことになりますよ、くらいのことを言われたんでしょう。

九州では「やらせメール問題(5)」も明るみにでましたが、その中で、玄海町の町長は偉かったと思いますね。やる、やらないというのをあの町長は自分で判断しているんです。佐賀県知事は「やるのはいいですがあとは総理と相談します」なんてことを言っているんです。まさに、私の言う自主性のない、自分の頭で判断しない首長でした。そういう意味では、町長のほうが偉いですよ。最終的に、やるか、やらないか、どういう判断をするかは別にして、そういった判断は首長であれば自分でするべきなんです。その判断もできないような知事に佐賀県民は自分たちの命を預けられるのでしょうか。首長というのは自分の県民の命を守ることから出発しないといけないんですから。

**開沼**　まさに、その点が佐藤さんの福島県政の「オリジナリティ」につながっていった点だと思います。

拙著『「フクシマ」論』の中でも分析したことですが、自治体首長のモデルとしては、一方には、外部の組織との調整をうまくやる「コラボレーター（調整役）」、もう一方にはそれまで調和を保っていたところに対して物申していく「ノイズメーカー（物申し役）」という二つのタイプが想定できます。どちらが絶対的によいとか悪いとかいう話ではありません。ただ、その時々でどちらのタイプがより自治体にとってよいのかということはあると思うし、その点についてはより意識的に踏まえられるべきことかと思います。

分かりやすくする上で、さきほどの本店・支店という例え話につなげます。もしそこが支店だったら「本店の状況次第だから上に確認してみるよ」という調整役＝「コラボレーター」が、それはそれで重要な仕事であるわけだしその力が重視される。逆に全体の空気を読まない独りよがりの「リーダーシップ」を発揮して勝手に暴走でもされたら困るわけです。

一方、そこが本店だとしたら、支店長と違って本店経営陣にはその上がいない。自ら決めるべきことを決めなければならない。それは決断の裏にある責任を引き受けることをも意味します。自らの利害、価値観に基づいてそれは欲しい、それはやめてくれといまの関係性をお互いによりよい方向に変えるために、積極的に「ノイズ」を出していかなければならない。

地方自治体の首長が、支店長なのか、本店経営者なのか。これはまさに地方行政の下請け化の時代が、これからも続くべきなのか否かというところにもつながる重要な区別となるでしょう。その点において、リーダーシップのあり方次第でその自治体の今後が大きく変わる時代になっているように思います。

**佐藤**　よく政治家の個人的な資質の話がされます。「〇〇には資質がない」と言う話です。でも、その政治家に資質があるかないかなどと言わず、いまそこでリーダーとなっている者がやるべきことをやればいいんですよ。

東京で大きな地震というのは九〇年間なかったことですから、これからもないと考えるのが一番楽です。しかし、当然これは、「九〇年間なかったから安心だ」という認識ではなく、「九〇年間なかったからまた近々あるのではないか」と考えるべき問題です。でも、実際、どれだけの人がそこに向けて具体的に動いているのか。結局楽な考えを前提にして動いてしまっている。それでリスクが表面化したときに大慌てしてしまう。

本来、リスク管理者のトップにいるリーダーは、どの程度かは別にしても、やはり危険性を前提にして動かなければならない。そういう時代になっています。

**開沼**　なるほど、その点で言うと、例えば佐藤さんが熱心に構想を進めた首都機能移転の話はまさに象徴的ですね。いまとなってはきれいになかったことにされてしまっていますが、首都機能移転に関する議論は戦後大きく三回ほどブームがあり、実は一九九〇年には実現に向けて「国会等の移転に関する決議」が衆参両院で議決されていました。結果として、石原慎太郎さんが都知事選に出馬するにあたり、首都機能移転の反対を公約にして当選したり、財政悪化の中で費用の問題がクローズアップされたりして、政・官ともに検討課題から外してしまった。しかし、例えば、都市型大規模災害が首都・東京で起こった時に、日本全体に大きな危害が及ぶことになる。首都機能移転によってそういったリスクが大幅に軽減される。九五年の阪神・淡路大震災以来の大災害を目にしたいま、あらためて、その意義を感じている人も少なくないと思います。

**佐藤** 「FIT」と呼んでおりましたが、福島（F）・茨城（I）・栃木（T）の県際地域の特性を生かし、そこに首都を誘致するという計画を立てていました。東京からは新幹線で一時間ほどですから、決して不便ではなく、それでいて自然も豊かで、これから利用できる広大な土地もある。空気も水もきれいで作物もあります。「森にしずむ都市」を中心において、人と自然の共生や持続可能性を軸にした新しい価値観のもとで国づくりをしていくことで、これまでの一極集中型の首都で作られる短期的な利益を優先する価値観を相対化し、現代的な問題点を解決していこうという構想でした。

**開沼** やはり戦後を通して東京は大きくなりすぎてしまった。例えば、国会議事堂から霞ヶ関、日比谷のほうまで歩いてみると、いかに小さいところに日本の政治機能の何もかもが集まりすぎているのかが分かるわけです。もしそこに物理的な被害が起こったらどうなってしまうんだろう。ある程度、効率がそがれるとしても分散化への志向は模索されるべきではないかと思う。でも、そのような、現時点においては「誰の得にもならない話」はなかなか具体的には進まないというのが実際のところでしょう。

そういった点では「現時点では誰の得にもならない話」を積極的にやっていくことがいま求め

られているのかもしれません。

**佐藤**　短期的に得にならないとしても、長期的に見て得になることには正面から取り組まなければならないんです。

原発について言えば、確かにいまはいいかもしれないが、これが一〇年単位で見たときに、地元にとっていいものではないという判断を私はしました。その判断を示した上で、どうするかは住民の皆さんで考えて答えを出してくださいとも言います。これは住民を突き放して言っているというわけではなく、こういうものの見方もできるんだということを示すことはしても、最終的な判断は住民がするというのが民主主義だからです。そういった、自分が考えてみておかしいと思うこと、こうしたほうがいいだろうと感じることを素直に示していく。その中で政治がなされるべきです。

**開沼**　その舵取りを政治家がしないと、役所の側はいつまでたっても「現時点では誰の得にもならない話」には触れないままになってしまうということですね。

**佐藤**　そういうことです。さきほど役人は優秀だと言いました。ただ、だからと言って政治家が全て従えばいいという話にもならない。役所に得意なこともあれば、不得意なこともある。そこをいかに補っていくのか、それが政治家の仕事であり、何より住民の仕事でもあります。

**開沼**　率直にうかがうと、佐藤さんが考えるこれからの政治家に必要なリーダーシップというのは、どういうものなんでしょうか？

**佐藤**　通常の場合でしたら、そこまでのリーダーシップというのは必要ないです。平時であればね。

しかし、リーダーシップというのはいざというときを中心に考えるべきです。いざというときのことを、今度の原発事故などからも学んで、想定する必要があります。

前から申し上げてきたことですが、さきほども出た「東京の問題」もそういった観点から考える必要があります。先の東日本大震災では、交通網がマヒして多くの帰宅困難者が出てしまった。しかし、これから東京で先の震災以上の大きな地震が起こる可能性は否定できないわけです。じゃあどうするのか、それを事前に予防するのも、事後に対処するのもリーダーシップが求められることに他なりません。

例えば、東京には都営大江戸線のように相当深いところを走る地下鉄があります。地下五階の深さを走るところもあるこの地下鉄は必要だという論理を誰も疑わない状況にある。もちろん、科学的に安全だというような話はあるのでしょうが、ただ、本当に地下五階にあるものが予想を超える災害にあったときに安全だと言い切れるのか。もしかしたら、今後も何も起こらないかもしれない。でも、そこで話を止めてしまったらダメなんです。安全だと言い切ってしまっているうちは危険だということです。

**開沼**　なるほど。私も自宅の最寄り駅が大江戸線なので毎日のように使っていますが、危険だと明確に意識したことはありませんでした。「大丈夫だろう」と意識する、ということすらなかった。でも、よく考えれば、それこそ地震で五〇センチでも一メートルでも地層のズレでもできたらどうかとか、いくらでも想像できる。

**佐藤**　「それ以上のことは起きない」という考えでいて起こってしまったのが原発事故なわけですから、なおさらそのことを感じています。科学技術とは付き合っていかなければならないのは確かです。ただ、それが「安全神話」という言葉で言われるように、論理を超えたところで、答えに向かって事実が捻じ曲げられていくようなことはあってはなりません。「原子力は必要だ、だから安全なんだ」とか変な論理が通用してしまっている。それはそこに必要なリーダーシップがなかったからです。リーダーシップがなかったらなかったで意外とこれまで動いてきたものはこれまでどおりに一見正常に見える形で動き続ける。でも、それを変えなければならない時には変えるべきなんです。

## 本当の保守主義とは何か

**開沼**　これまで上手く回ってきたシステムに身をゆだねる「何も変えない」という選択。これ自体は多くの場合、変にシステムに手を入れて不整合を起こすよりはいいことで、役人が得意とすることでもあります。ただ、あるときにシステムメンテナンスをしなければならなくなる。そこにおいて、変えるべきことを変える。そこにリーダーシップが求められる。まさにその通りだと思います。

**佐藤**　私のやってきたことを見て「保守政治家なのになんで」と疑問に持つ方もいたかもしれません。

**開沼**　そうですね。イラク戦争開戦に反対する決議をわざわざ県議会で出したり、女性の社会参画や男女共学化についての制度を県として積極的に推進したり、一見左派とかリベラルとか言われる人々が好むような政策を行っていらっしゃった。

**佐藤**　さきほど開沼さんにもご紹介いただきましたが、私自身はもともと、国会議員をしている際には宏池会、まさに「保守本流」に所属していました。宮沢喜一さんなど、最近までご活躍になっていた方もいましたし、福島県が地盤の方で言えば伊東正義(6)さん、斎藤邦吉(7)さんといった方もいました。

**開沼**　自民党史に残る相当な大物議員ですね。佐藤さんのご著書にも、国政を目指し、当選した後もそういった方々と深い係わりがあったという話が書かれていましたね。

**佐藤**　そうです。最初の選挙で負けて浪人していた時にはそういった先輩方が地元の方々をたずねる際についていき地元を熱心にまわり、政策を考えていくこと、草の根の支援を得ることの大切さが政治家としての強さにつながることがわかりました。そういった中で活動してきたし、その中で政治家としての自分のやるべきことを考え、学んできました。

自分が保守であるという自覚は勿論ありました。ただ、だからといって「自分は保守なんだからこの政策はこう判断しなければならない」というような意識をしたことはありませんでした。これが地域にとって、住民にとっていいことなのか。むやみに「保守だからこう」とか「保守らしくないからだめ」とか偏見をもたずに、判断はその時々の状況に応じて変わっていったわけです。

**開沼**　そして、結果としてではあるけれども、色々なことを「革新」していったわけですね。

**佐藤**　なしてきたことが「保守らしくない」なんて見方もあったのかもしれない。ただ、私が知事を辞めて、まだ震災が起こる前のことですが、ドイツ文学者の池田香代子[8]さんと対談している時に「あなたこそ保守本流の政治家だ」と言われたんですね。政治思想的にみて「保守」と言う時に、その原点にはまさに私のような立場が想定されていたと。

**開沼**　エドマンド・バーク[9]の思想ですね。バークは一七九〇年『フランス革命の省察』（岩波文庫ほか）という本を書きましたが、保守主義を語る上ではずせない思想家と言われています。端的に言えば、過剰に人間の理性を信じずに、自然にそこにあるもの、伝統や自然環境を生かしながら政治を行っていくべきだということを主張しています。

バークの問題意識は、フランス革命が何を社会にもたらすのかというところにあります。つまり、多くの人は王政を打倒したら素晴らしい社会を作れると思っていて、フランス革命を実現した。しかし、理性への過信が社会を混乱させ、より社会を不自由にしてしまうだろうと予測した。そして実際に革命から時間が経過するにしたがって、折角できた民主的体制が確立する間もなくすぐに大混乱が起こってまた独裁制がはじまってしまった。当初、思い描いていた平和で抑圧のない社会とは全く逆の状況が生まれてしまったんです。

そこへの反省から、バークが言ったのは、伝統とか歴史、自然環境といったものに価値を見出すべきであるということです。人間はどうしても自分たちの理性を過信して「世の中こうしたら間違いなく上手くいく」と思ってしまう。しかし、実際は頭の中で描いたとおりには物事は進まない。それは時間的、空間的な秩序、前提条件がある中では頭の中で描いたことなど「机上の空論」に過ぎないからです。理性を用いた急激な変化ではなく、伝統や自然と協調した緩やかな変化をしていくことが重要なのではないかということですね。

**佐藤**　なるほど。「間違いなく上手くいく」という過信を避ける。極めて重要なことであり、むずかしいことでもあります。それは、よかれと思ってやっていることの中に過信が潜んでいることも多いからです。歴史を学び、自然環境を生かしながら自分がいまやっていることが本当に正しいのか、考え続けることで見えてくることがあるでしょう。

**開沼**　おそらく、佐藤さんは意識していなかったとしても、結果としてそういう政治をしていた。その重要性を認識していらっしゃった。私もそう思います。環境保護やジェンダーの平等についての政策を積極的にすすめていた。あるいは、江戸時代の郷土の思想家を研究し政治に生かそうとした。

自らを「保守」と名乗る人の中には、とりあえず「国旗・国歌を敬え」などと復古主義になったり、「他の民族が日本で優遇されているのはけしからん」などと排外主義になったりする場合も少なくない。しかし、国家のもとに結集しろ、そうすれば国家の力で上手くいくに違いないと信じている時点で極めて理性に信を置いているという意味で理性主義的で反「保守」的ですし、他者を排除するか否かというのは「保守」であることとは関係のない軸で判断されるべきことです。

**佐藤**　そういった点では、私はただ国を重んじればいいんだというようなことは思ったことがありません。むしろ、ファシズムのように社会が一色に染まってしまうようなことは避けなければならない、そのためにいかにそれぞれが自由に色々な可能性に開かれた形で生活していけるのかということを常に考えてきました。

私はフランスの政治家ジスカールデスタン[10]が言った複数主義（プルーラリズム）を自分の軸にある大切な考え方と思ってこれまでやってきました。例えば、イラク戦争の時などにも感じたことですが、さまざまな状況が交じり合っているのを見て、それをきれいに画一化しようとしてしまう動きがあり、多くの人がそれを支持してしまう状況がある。

**開沼**　危機的な状況がある時ほど、物事を単純化し安心しようという志向が働いてしまうのかも知れません。

**佐藤**　しかし、もしそんなことがあればそれを止めなければならない。

もう三〇年前になりますが、参議院に初めて立候補した時に、立会演説会で、一極集中的な富士山型ではなく、頂上がいくつもある八ヶ岳型の国土作り、県土作り、そして、権力構造の確立を目指さなければならないと言いました。さらに、その後は八ヶ岳型よりも、もっと考え方を進めて、阿武隈山地のようななだらかな高原、つまり、どこが頂上なのかすら分からないような、フラットな権力構造を目指すべきとも言ってきました。その行きつく先が二一世紀のネットワーク社会であり、それこそが目指すべき目標なのです。

何か一つの権力の頂点があって、そこから下に向かって何か指示をすれば全体が上手くいくなんていうことはありません。下も上もない中で、複数性を保ちながら社会作りをしていくしかない。例えばそれぞれの地域で、あるいはそれぞれの立場で人々が快適に生活するにはどうすればいいのか、それを前提に考えていく。そうしないことには、皆が息苦しくなってしまう。

息苦しさに対して、政治は敏感であるべきです。熱狂や過信の中で行われる政治が人や地域を不自由にしてしまってはならない。社会的弱者であったり、目に見えないところで息苦しさを感じているような存在を守るというのが政治家に求められることだと私は思います。

**開沼**　おっしゃることは、きれい事でもなんでもなく、そうすることでこそ、みんなが得をするという、極めて合理的な価値観だと思います。

本来、人を自由にするための立場だった「保守」が、いつの間にか人を不自由にするために利用されてしまう。これはおかしな話ですが、いまは、まさにそういう傾向の中にあるようにも思えます。「国をよくする」という聞こえのいい言葉も、ただそうなんだと受け入れることではなく、内実を検討する必要がある。結果的にそこに生きる人々にどれだけメリットとデメリットがあるのかということは冷静に検討される必要があるのかもしれません。

原発だって震災間際まで「国のためである、地域のためである」と民主的に選択されてきた。これは紛れもない事実です。

**佐藤**　国家・国民のためにということはいつの時代でも言われることです。

ただ、中曽根さんが入省した戦前の内務官僚のほうが、誤解を与えるかもしれないがいまの経産省よりもほんとうに国家・国民のためを思っていたかもしれない。経産省は聞こえの悪いことは言わないですが、それは国にとって都合がいいといいながら、結果として国民にとっては都合が悪い場合も多い。

小泉さんは、経産省が権限を握った上で提示した「体質改善をしよう」なんていう話にのったわけですが、時間がたってみるとそれが当初言われていたほど、特に国民にとってバラ色のものではなかったことが分かってきた。

そういった意味ではその政策や方針が、誰かの一面的な理想に向かってはいないか、複数主義の立場から常に考え直していく。その中で「保守」らしからぬ、でも結果的には正統な「保守」らしい判断になっていったんだと思います。

国家・国民のためと言っても、本当に地域のことを、住民の目線で考えてみたときに、それは「ためになる」ことなのか。地域と住民の生活を壊すことにしかならないのではないか。思いのほかそういうことは多い。それには反対していく、あるいは違った価値観を提示していく。

**開沼**　なるほど。そういった点で最も象徴的なのは、ここまでも何度か触れてきましたが、二〇〇二年一二月の県議会において、イラク戦争開戦への反対を決議した例だと思います。

あのときは、イラク戦争に反対することなんかできないくらい、小泉内閣の支持率は高かったし、アメリカにもそういう雰囲気がありました。イラク戦争に反対するなんてこと自体が悪だというような雰囲気がまかり通っていた。にもかかわらず実現した決議の裏には何があったんでしょうか。

**佐藤**　その判断の背景には、これまで自分の目で直接見て、直接話を聞いたさまざまな経験がありました。例えば、私が参議院議員をしていた時、一九八五年のことですが、ＩＹＹジャマイカ会議に出席しました。一九八五年がちょうど「国際青年年 Internationl Youth Year（ＩＹＹ）」だったんです。そこに日本代表として出席した時に、当時のソ連から独立しようと運動している人たちと会ったんですね。

その時の状況というのは、まさに冷戦の末期でしたが、アフガンにソ連が侵攻する。それに対して、アメリカは対抗するわけですが、その時にアメリカはアラブを利用するだけ利用していた。そういう構図ができていました。

それで、ＩＹＹジャマイカ会議には、ソ連追い出しのためアフガンでアメリカの兵器で戦っている五人のアラブの義勇兵が来ていました。義勇兵といっても、生死をかけて闘っている政治的な指導者たちです。自分たちが置かれている状況、ある面で米ソ両先進国に翻弄され、それでも自分たちの暮らす地域や人々を守るために動いている。ベトナム戦争をはじめとして、冷戦状態が、途上国を舞台に代理戦争の様相を呈して、本来戦わなくてもいい人々、苦しまなくてもいい人々を巻き込んでいったことは知ってはいましたが、実際にその場で政治のことを考えながら会議にも出てきた人々から聞いた話は、実感がこもった具体的な話であり、私自身のものの見方を変えるものでした。

こういう経験がありましたから、アメリカが9・11のようなことになったとき、そして、その後戦争をはじめるとなった時に、冷戦構造の中で作られた関係性が変わっていく中で、アメリカが彼らをどこかで裏切ったんだ、そういう見方でこの問題をとらえていかなければならないと思いました。

**開沼** あの戦争への評価については、まだ定まってはいない部分もあるでしょうが、米国は巨額の出費をして財政に悪影響を与えたことも大きな要因となり、当時の共和党のブッシュ大統領の後は民主党のオバマ大統領になりました。問題は、あの戦争自体がいいかどうか、ということもそうですが、それ以上に、そもそも、そういう選択をしたこと自体が忘却されてしまっているということだと思います。日本がそこに絡んでいったことがそもそもよかったのか悪かったのか、どういうメリットがあってどういうデメリットがあったのか、次にどう生かすべきなのかということへの反省自体が全くないままに忘却されてしまっている。それでは、次に何かを生かすということができない。

その点でいうと、佐藤さんは歴史という広い視野で見てみることをし、一方で実際に自分で足を運んでみてそこに生きる方々の話を聞いて足元を固めた上で判断をしていらっしゃいますね。

**佐藤**　やはり、可能な限り現地に行ってみて考えるということが私の政治判断の根本にあります。県知事時代も、県の隅々まで訪ね実情を把握するようにしていましたし、だからこそ、選挙においても草の根的に支援が集まりました。海外の状況もできるだけ取り入れることができるように、国際会議や視察の経験を最大限に生かしたし、例えば、秘書の中に海外旅行が趣味の者がいましたが、よく海外の事情を聞いたり、どうせ行くのなら色々取り入れるために勉強するように言って、こと細かく報告を聞いたり、そういったことを大切にしました。

八三年に伊東正義先生の随行で中国を訪問して、当時の胡耀邦党書記と呉学謙外相に会い、八四年にはイスラエル、八五年には宮沢喜一さんに随行して訪米しカーター政権の閣僚十数名と懇談、八六年には当時の中曽根総理と東ドイツ、ユーゴスラビア、ポーランド、フィンランドと訪問しました。また、九〇年代になってからはウズベキスタンに行きました。実は、ウズベキスタンには戦争中に亡くなられた福島県の方々のお墓があるんです。ウズベキスタンは社会主義国なので福島県の社民党さんが接触しておりましたのでソ連が崩壊して大使館ができてすぐに行ったんです。行ってみて分かったのは、環境問題の深刻さでした。

あそこはソ連の綿花工場なんです。その工場で利用するために川をせき止めたんですが、その結果、アラル海[11]への流入がなくなって水がかれていってしまった。そして塩害はじめさまざまな弊害が露呈しました。環境問題というのは、大きな海まで破壊してしまうんだなということを見せつけられたわけです。

**開沼**　後に環境政策に役立っていくわけですね。

**佐藤**　また、冷戦後の秩序の変化も知りました。その当時は原理主義が入ってくることによって、ウズベキスタンの周囲の国がめちゃくちゃにされていった時期だったんです。そういった世界の情勢も肌で感じてきました。こういう経験は、イラク戦争の反対にも大きく影響しています。

そういった点では、いまの若い人はなおさら世界を見て、世界の常識を身につけないといけないとも思いますね。

## 安積艮斎《あさかごんさい》と安藤昌益《あんどうしょうえき》に学ぶこと

**開沼**　佐藤さんの知事在任中のご発言を見ていると江戸期の思想家に非常にお詳しく、しばしば言葉の引用などなされています。そのなかで気になったのが、吉田松陰・高杉晋作や岩崎弥太郎などに影響を与えた朱子学者・安積艮斎[12]を中心とした思想家の連関図を作ってらっしゃいますね。安積艮斎は旧二本松藩の郡山出身でもある。私は不勉強で安積艮斎自体を知らなかったのですが、そもそもこういった思想に興味をもったきっかけというのは？

**佐藤**　一九七八年、青年会議所の会頭選挙のときに、岡山県の津山というところに行ったんです。津山に行ったら、津山洋学資料館というところに蘭学者の箕作麟祥についてのことが展示されていました。ここに安積祐助という人の手紙があった。帰ってきてから、私の同級生に八幡神社の宮司の弟さんがいるのですが、彼に安積祐助というのは誰かと聞いたらですね、安積艮斎だというんです。安積艮斎が郡山出身の思想家であることは知ってはいましたが、江戸時代の幕末期に活躍していて、このように遠く離れた土地との交流もしていたことをそのときはじめて知りました。幕末から明治にかけて活躍する人々を、神田駿河台に「見山楼」という私塾を開いたりしながら教えている。

それで、私はたいへん気になりまして、安積艮斎の研究をしようと思い、古本屋に行って和綴じの本や額とかを集めていたんです。ところが、選挙に出ることになってしまった（笑）。そこで、周囲の人間と私塾を作って勉強をしようということになったのですが、私はなかなか忙しくなってしまいまして……。しかし、そういった形で安積艮斎の研究がはじまったんです。ここ二〇年くらいでかなりしっかりした安積艮斎の弟子全員の資料集を作ったりしています。本を集めたりしているときに安積艮斎記念館から講演の依頼がありました。それで、そのときに江戸の思想的系譜の図を作ったんです。

**開沼**　なるほど。そうして蓄積された安積艮斎に関する知識は、佐藤さんのお考えにどういった影響を与えたんですか？

**佐藤**　ご存じのように、仏教と国学と儒教という三つの学問が日本において、人間を作ってきた。もちろん、江戸後期から蘭学が加わりますが、基本的にこれらの学問があって、そして人材を養成してきたわけです。

しかし、その流れが戦後になって途切れてしまった。日本において政治や行政に携わる人材の劣化ということを考える際には、この歴史の切断を見る必要があるのではないかと思いました。もちろん、西洋の学問がダメだということでも、江戸までの日本で育まれてきた学問を賛美するというのでもありませんが、特に、江戸から明治にかけての激動の中で活躍する人々を多数育てた安積艮斎やそこに至る思想の系譜、そこで輩出された人々からは学ぶことは多いのではないかと思ったんです。江戸時代という三〇〇年の安定した時期、その間に徹底して組織的に学問が形成されました。例えば、林羅山や山崎闇斎の朱子学、山鹿素行の古学・兵学などが江戸時代初期から幕末にかけて体系付けられ、継承されていった。そういった江戸時代の学問や教養が明治に大きく花開き、明治以降の国づくりや経済発展を支えてきたと思います。

必ずしも、直接的、具体的に県政に生きたというわけではありませんが、人材や私自身の政治判断の根本に影響を与えています。

**開沼**　「ふるきをたずねて」の中で人材養成や施政について学んだということですね。

**佐藤**　そういった点で言えば、震災以後の状況は非常に残念です。この震災を契機に、まさに国民のために働くべき役所が、そうなっていない。チェック機能もなにもないようにしてしまった体質を、もう一度考え直すのだろうと思っていたら、残念ながら表にはまったく出てこない経産省の連中のペースでいまだに動いている。なにも解決しないような状況で、佐賀県の玄海原発の再開を当時の海江田万里経産大臣が言い出す。大臣が言い出したというよりは経産省の連中が裏でコントロールしている。こういった体質を改善しない限り、日本は悪い方向に向ってしまいます。

優秀な人材が組織の悪弊を正すというのではなく、組織が悪弊を隠蔽し維持している。民主主義というものをもう一度考えないといけない時期にきていると思います。

**開沼**　安積艮斎と同様に、しばしば安藤昌益のことも引用されますね。

**佐藤**　安藤昌益は秋田県の大館で生まれ、自分の母親の病を治すということからはじまって郷里を出る。そして、京都や江戸で学びましたが、京都や江戸にはろくな学者がいないという考え方の下に、八戸で街医者をしながら自らの学問体系をつくりあげ大館に帰りました。

その中で「都市繁栄の地には正人出づること能はず」、つまり、都会には立派な人は育たないということを言っています。

実はここでの「都市繁栄の地」というのは、京都・江戸もそうでしょうが、八戸も含んでいました。東京、江戸から船が入ったり、あるいは風通しがいいと。まあ、私は学者ではありませんから、詳細まではわかりませんが、そういった人や物の交流がないところにこそ人が育つというのですね。しかし、非常に共鳴する部分がある。開沼さんもそうかもしれませんが、私自身、大学に入って友人として付き合うのは地方からきた人間が多かった（笑）。実感として、都会では大した人間は育たないということを感じています（笑）。

**開沼**　わかります（笑）。

**佐藤**　もちろん、都会育ちが全員、どんな努力をしてもだめだという話ではなくて、どこに生まれようと、都会の見方だけが正しいというような偏った視野では面白みのない人間になってしまう。さきほどもいいましたが、いろんな世界を見るということが重要なんです。

私の座右の銘に王陽明の「事上磨錬」という言葉があります。一つ一つの問題に全力で取り組むことで問題も解決するし自分も磨かれるという意味です。都会のものの考え方の強さもありますが、その弱さもある。ある面で風通しの悪いところに身を置いて問題にぶつかっていく。その中で人材も育成されていくと思っています。

**開沼**　例えば、近年だと安倍晋三さんがそうでしたが、教育勅語を持ち出して、教育はこうあるべきだといったような、言ってみれば、ファシズム的な、国民を一色に染め上げることを善とするような方向に行きかねない言説として古い思想が利用される部分があります。それが「保守政治家のあるべき姿勢」みたいに考えられてしまう時には非常に違和感を覚えざるをえない。

**佐藤**　私自身、毎日いろいろな問題にぶつかりながら事上磨錬で政策をつくっていました。その時に、原理原則の一つとしていたのが、やはり複数主義です。

若い時に読んだ、心理学者のエーリッヒ・フロム[13]が書いた『自由からの逃走』（東京創元社、一九六五年）では、人間は苦しくなると独裁者を望む心理状況になると指摘されていました。戦争を経験し、民主主義社会になった日本において、そのようなことはありえないだろうと思っていましたが、その思いが最初に裏切られたのが第一次石油ショックの前後のことでした。大新聞が揃って「誰か立派な政治家が現れよ」と社説に書いたのを見て、非常に恐怖を感じた。

**開沼**　社会の秩序が乱れた時に、人々が何か強大な中心点を求めてしまう。

**佐藤**　中心点ということで言うと、安藤昌益の話に戻せばこんなエピソードがあります。

私が秋田県の大館に行った時に、ここに安藤昌益のお墓があるはずだということで、お墓を探しましたが、尋ねても誰も分からない。それで、現地で地方史を研究しているという青年にたずねてみると、その青年が安藤昌益のことを勉強しており、知っているということで、お墓に連れて行ってくれました。

その時はまだ新幹線などもできていない時期で大館は時間距離からすると沖縄に行くよりも遠いところだったのですが、私がそんな世間話を「地方」、「地方」という言葉を使いながらしていると、その青年が言ったんです。「私にとっては、この地域、大館というのが中心で中央なんですよ」と。非常にショックをうけました。

**開沼**　自分自身でも知らぬ間に中心や中央を前提として物事を考えていたということですね。

**佐藤**　そうです。

**開沼**　私が『「フクシマ」論』の中で引用した、福島県浜通りの農民詩人・草野比佐男の詩にも全く同じような考えが現れています。それは「中央はここ」という詩ですが、自分が生まれてから住んでいた地が、戦後の高度経済成長期の中で知らぬ間に「地方」ということになって、農業は苦しくなるわ、出稼ぎだ進学だ就職だと人はいなくなっていくわで「遅れた場所」になる。でも、そんなのは他人に押し付けられたものに過ぎないんだ、中央はここなんだという話です。

**佐藤** まさにそうなんです。中央や中心を外に求めること自体おかしいことです。

そういう、当然のことが見えなくなっている時に、ごまかすことなく本当のことを教えてくれるのが学者の仕事だとも思います。今度の原発の問題について言えば、学者というのは分からないですよね。真実を言っていたように思える学者が認められなかったり、逆もありますからね。こういうことが多すぎる気もします。インターネットで情報のやりとりがもっとできるようになれば、そういうことも変わってくるのかも知れませんね。

## 競争から人間中心へ

**開沼** 男女共同参画社会に向けての政策という点では福島県はさまざまな施策を行ってきました。その根本には、どのようなお考えがあるのでしょうか。

**佐藤** 「女らしく、男らしく」も大切ですが、「人間らしく、自分らしく」ということが大事だと、常々言ってきました。「ふくしま新世紀女性プラン」などの「男女共同参画社会プラン」を一九

中央はここ

東京を中央とよぶな
中央はまんなか
世界のたなそこをくぼませておれたちがいると
　ころ
すなわち阿武隈山地南部東縁の
山あいのこの村

そうさ　村がまさしくおれたちの中央
そもそも東京が中央なら
そこはなんの中央
それはだれの中央
そこで謀られるたくらみが
おれたちをますます生きにくくする

そんな東京を
きみはなぜあがめる
そんな東京に
きみはなぜ出かける
葉のない鉄骨になぜヘルメットの黄の花を咲か
　せる
所詮は捨て苗のかぼちゃに如かない
花のあとにはうらなりの実も残らない

まぼろしの中央に唾して
本来の中央に住め

（略）

東京をかりそめにも中央とよぶな
僭越な支配がめあての詐称を許すな

（草野比佐男『定本・村の女は眠れない』梨の木舎、二〇〇四年）

九四年からはじめ、一九九八年には県の女性団体の皆さんを中心に「福島県女性史」という県独自の史料を作りました。これは地方自治体の取り組みとしてはめずらしいことですが、こういった制度変更や研究をもとにさまざまな具体的な取り組みをしていきました。

例えば、私は、福島県の県立高校の男女共学化を、やはり一九九四年からですが、進めました。賛成、反対、色々な意見があるが、男女共学での教育が近い将来に必ず生きる時代になるだろうと考えてのことです。

**開沼**　国による「男女共同参画社会基本法」の公布が一九九九年ですから、社会の意識は高まっていたとはいえ、早い対応をしたわけですね。国に先駆けて制度設計をしていった。

**佐藤**　そうです。さらに言えば、年齢や性別はもとより、疾病や障がいの有無、さらには民族、宗教の違いや価値観等に係わりなく、一人一人が個人として尊重され、自己の能力を自らの意志に基づいて発揮し、生き生きと自分らしく生きることができる。そういった社会の形成を目指すべきだと思っていました。

女性という個性、男性という個性、その他のさまざまな個性を別のところで教育すべきというのではなく、それぞれの個性が一つの場でぶつかり合い、互いの個性を大事にするという訓練が非常に重要なことです。

**開沼**　なるほど。個性のぶつかり合い。

**佐藤**　一九九三年のことですが、カナダに行った時に、中学校にあたる学校だったと思いますが、訪問した際に、車椅子の方や心の病のある方が多くいらっしゃって、はじめは日本でいう養護学校なのかと思いました。しかし、説明を聞くとそうではないということが分かった。彼らは、ハンディキャップを持つ人々とは言われずに「チャレンジングピープル」と呼ばれていたんです。「チャレンジングピープル」という呼び方は非常にいいとらえ方だなと思いました。また、カナダは移民がたくさんおりまして、子どもさんもいましたが、それぞれに、例えば日本人ならあなたの第一言語は日本語ですよ、第二言語として英語を勉強してくださいと教育をしている。経費もかかることでしょうが、そういった教育体制の実現に向けた努力をしていました。体の不自由なことも個性、日本人や日本文化を持っているということも個性。そういったものを大切にするなかで教育をしていっている。大変勉強させられました。

**開沼**　単純な競争で社会がうまくいくという発想ではなく、常に違った価値観が共存している状態が必要だろうという話だと思います。「競争から人間中心へ」といったキャッチフレーズを知事時代にも何度か使われていると思いますが。

**佐藤**　競争というと「フェアならばいいのではないか」という話がありますが、フェアというものがあたかも絶対的な正義のように語られてしまうことは違う。「ミスター外圧」と言われたマイケル・ヘイデン・アマコスト[14]というアメリカの外交官と対談しましたが、彼はフェアが正義だと思っている。アメリカだとそれで通るのかもしれませんし、ひとつの価値観としてあるのかもしれません。しかし、私の場合は、それぞれの地域、とくに村社会の状況を考えると、公平な競争といいますが、競争させてしまったら、やる人がいなくなることもあるわけです。

生臭い話をすると、大手ゼネコンの中には仙台に支店があるところが少なからずあり、表面上競争力もあります。あたりまえですが、福島県の土木・建設業者はそれにくらべると競争力があるとは言えない。だから、公平という名のもとで規制もせずにそのままやっていたら、福島県の公共事業なりを極端に言うと全部、仙台に持っていかれてしまう。公平にやるといった場合には地元に根付いて顔の見える関係で仕事を頼みあっていたところに外のゼネコンがどんどん入ってきてしまうわけだ。それが公平ですから。公平だといって、それに任せてしまうと、例えば、雪かきが必要な地域では、地元の業者が採算が取れなくても、ある面でボランティアで雪かきをしたりしているのですが、外の業者はそんなことはしません。冬場は深夜から待機して一人暮らしの方の家までの道路を朝まで除雪する必要があるわけですから。

良いか悪いかは別にして、人口が少なくなって過疎化したなかで実質的に村社会で支え合っているわけです。そこに「公平な競争」という論理を持ち込んでしまえば、大手の建設会社が入ってくることになる。仙台は繁栄するかもしれませんが、福島県の業者はダメになる。村社会的な支え合いがきかなくなる。こういう意味での個性の重視というか、地域の特性の重視は必要だと思います。

**開沼**　「地方と中央」と言った時に、福島と東京の関係を思ってしまいますが、福島と仙台にもそれは存在する。あるいは県内においても福島・郡山・いわきといった比較的大き目で交通機関も整っており産業も栄えている地域とそうではない地域の間にもそういう非対称性は存在するわけですね。地方と中央の関係が幾重にも層になって存在している。

## 「うつくしま、ふくしま」という理念

**開沼**　そういった点で言えば、ある面で中央に対して劣位に置かれている側である地方が、「いや、こっちが劣位なんじゃないんだ」と異議申し立てをしていく契機は重要です。つまり、さきほどの「中央はここ」だと声を上げる瞬間。そこにこれまでの価値観を覆すチャンスがあるという話ですね。

**佐藤**　私は一九七八年に日本青年会議所の会頭選挙に立候補する時に「新地域主義」ということを掲げました。これからは地域の時代なんだ、地域から価値を発信する時代にしないとだめなんだという考えは当時からありました。

**開沼**　なるほど、そういった「地方からの思想」という点でいえば、一九七八年前後は大きな転換点だったと私も捉えています。例えば、地方自治史においては有名な「地方の時代」という言葉、これは当時の長洲一二[15]神奈川県知事が一九七八年七月に首都圏地方自治研究会という東京都・埼玉県・神奈川県・横浜市・川崎市などが参加するシンポジウムでの講演で初めて使った言

葉とされていて、例えば有名な大分県の一村一品運動などの具体的な実践とあわせて八〇年代に盛んに使われます。また、学者の中からも、例えば経済学者の玉野井芳郎[16]が『地域分権の思想』（東洋経済新報社、一九七七年）などの中で「地域主義」という言葉を使いはじめていたりする。地方の独自性の再評価と都市への一極集中による問題の解消、成長一辺倒の価値観からの脱却と環境や福祉の重視、さらには、そういったことがグローバル化の中でこそ重要になる、という非常に先取の精神に溢れる発想だったと思います。

**佐藤** その通りです。当時、大平正芳内閣の下で、田園都市国家構想が出されました。都市の側にある経済的な豊かさ・生産性と地方の側にある田園、つまり豊かな自然環境を上手く組み合わせる形で、経済性を追求する一方で時間的ゆとりや健康への配慮がないライフスタイルをあらためていこうという構想でした。

**開沼** いわゆる「三全総」と呼ばれる、第三次全国総合開発計画、これは戦後、その時々の世相に応じて更新され続けてきた日本の国土開発の指針ですが、一九七七年に閣議決定されたこの三全総の理念にも非常に通じるものがありますね。当時は二度のオイルショックを経験し、それまでの高度経済成長への反省もあり、福祉や環境についての国としての政策も整いはじめていた。いまとなっては非常に批判もされる内容ですが、やはり一九七九年に、それまではむしろ社会党等の野党勢力のお家芸といえた福祉について、自民党が「日本型福祉社会」という考え方を打ち出したりもしました。しかし、少なくとも、こういった地方、福祉、環境といったものについて掲げられた理念を国は実態に沿いながら持続的に実現の努力をしてきたとは思いにくい。そこでいえば、佐藤栄佐久という政治家は、二〇〇〇年代までこの理念を自らの原理原則として変えずに来た。

**佐藤**　そうかもしれませんね。

**開沼**　その点で申し上げれば、佐藤栄佐久県政下で最も象徴的だったのが「うつくしま、ふくしま」だと思います。「うつくしま、ふくしま」という県としてのキャッチコピーをつくり、それにあわせたシンボルマークも定めた。福島県出身の特撮監督・円谷英二がうみだしたウルトラマンが出てくる福島県をPRするCMを首都圏で流したりもしました。

こういった福島県のブランド化をしようとしたきっかけはどのようなところからあったんでしょうか。

**佐藤**　まず、一九九二年ですが「二一世紀の新しい生活圏――美しいふくしま――の創造」を基本目標とする「ふくしま新世紀プラン」を県として掲げたんですね。その中で、イメージ戦略をしようということになり、そういうキャッチコピーなどを定めていきました。これは、その後、二〇〇〇年からの「二一世紀にはばたくネットワーク社会～ともにつくる美しいふくしま～」を基本目標とする「うつくしま21」という長期総合計画につながっていきます。

**開沼**　県政を通して「美しいふくしま」「うつくしま、ふくしま」を掲げていらっしゃったということですね。子どもの時に見聞きしていて、他の県でもこういう企業のPRのように自治体の

ＰＲをするのが普通なのかと思っていましたが、必ずしもそうではないということには福島県を出てから気づきました。

福島に「美しい」という言葉をつけていった。ここにはどういう思いや経緯があったのでしょうか。

**佐藤**　『知事抹殺』にも詳しく書いてありますが、国会議員のときに宮沢喜一さんと一緒にアメリカに行ったんです。そのころ、宮沢さんが高坂正堯さんと「美しい」ということについて議論していたんですね。お二人で一緒に『美しい日本への挑戦』（文藝春秋、一九八四年）という本も書いています。このことが頭にありました。

宮沢さんと直接話をした時には「美しい」という言葉はどこか感覚的・情緒的であまりよくないんじゃないか、とおっしゃったりもしましたが、やはり私は、これから社会の価値観を変えていく必要がある、そこではこの「美しい」という言葉がぴったりだと思ったんですね。それは例えば自然環境の美しさであるし、文化的な活動を活性化したライフスタイルの美しさでもある。都会中心、開発中心の考え方ではないイメージを提示していく必要があり、それに最適だと思ったんです。

**開沼**　なるほど。具体的にはどういうことですか。

**佐藤**　例えば、街づくりという点では「美しい」という言葉は分かりやすい目標設定になる。日本と違って、海外はどこでも絵になる。これは本当にすごいと思っていました。日本もそういう風にしていかなければならないがどうすればいいかと。

そんなときに、海外からおとずれてきた学生さんを福島県の有名な観光地で、江戸時代の人形職人の屋敷である「デコ屋敷」に連れて行く機会があったんです。そうしたら、私たちがなにも関心を持たないような田んぼの風景とかを一生懸命、写真に撮るんです。彼女はアメリカのワイオミング州という緑の少ないところから来ていたんです。だから緑に驚いたと。

これには目を開かされました。私たちにとっては日常的な風景である、田んぼとか山間とかの緑の風景がその留学生にとってはものすごく魅力的なわけです。ヨーロッパの街並みはどこでも絵になりますが、そのとき日本でも絵になるところがあるんだなと感じたんです。海外だけでなく日本にも誇れるところがある、それを生かしていけばいいんだと思うようになったんですね。

**開沼**　実は、すでにそこにあった自然が美しかったと。それは、一九九六年の「環境基本条例」、一九九八年の「景観条例」、あるいは一九九六年から掲げはじめた「森にしずむ都市構想」などに生きていくということですね。

**佐藤**　そうです。宮沢喜一さんの話をもうすこし詳しく言えば、景観を美しくというのはいいけれども、人の心の中にまで立ち入って、美しくといったことを言ってはいけないと、こう厳しく言っていました。それでも、私が知事になって、そこに修飾語をつけて「21世紀のあたらしい生活圏――うつくしい福島――の創造」というテーマにしたんです。それまで経済成長や経済問題ばかり言っていた時代に、「生活圏」というあたらしい概念を打ち出しました。

森は、ほかの県に行ったらもっとうつくしい森があるかも知れない。しかし、福島県ではこれからうつくしい森を創っていく、そしてその景観を守っていくんだという思いを込めた。この想いが「うつくしま、ふくしま」というコピーに集約されているわけです。

この構想は「ふくしま新世紀プラン」から「うつくしま21」というものに結実していきますが、ここには象徴的な言葉がたくさん入っています。例えば「地球時代にはばたくネットワーク社会」。市町村も県も国もたてに一本の糸でつながっているわけではない、まさにネットワークのなかでさまざまなところとつながってくる。こういう、ネットワーク社会がこれから重要だと考えたわけです。ピラミッド型・富士山型ではなくて、横に広がるような社会ですね。私はこれをさきほども言いましたが、阿武隈山地型と呼んでいました。

**開沼**　「うつくしい」とは何か。さきほど申し上げた「美しい日本」と言った安倍晋三さんのような「もう一度、教育勅語を」的な「うつくしい」という、まさに宮沢さんが言ったところの「人の心が美しい」を作ろうとする政治的な動きもあります。宮沢さんが見ていたら戒めたであろう志向ですね。そういうトップダウンで皆に強制されるような形ではなく、自分たちで考え決めていく、自分たちでいいところを見つけていく。その中で、多様性や変化の可能性にも開かれていくし、「経済的な豊かさ」一辺倒ではなく、「生活の豊かさ」を創造していけるわけですね。

## 中央と地方の経済格差を考える

**開沼**　さて、中央と地方の経済格差の話ですけれども、これは日本が明治以降、近代化するなかで常に抱えてきた問題だと思います。『「フクシマ」論』の中の話で言えば、震災以後、にわかに福島県とエネルギーの関係が明らかになりましたが、別にこれは原発に限った、戦後に限ったことではなく、明治期の猪苗代での水力発電から、あるいは常磐の石炭から始まった話だということが重要です。そこにあった圧倒的な経済格差がその構造を作り、固定化してきた。そういった点では、自民党の五五年体制というのはその構造を踏まえたうえで、ある面で、田中角栄のように地方にお金を回して、未開発地域を開発していこうということをエンジンにして走っていたところがありました。しかし、それが九〇年代に入ってからほころびを見せ、民主党が政権をとるような時代になって終わった。結果として見てみると、確かに新幹線とか高速道路は通ったかもしれないけれども、当初目指していた経済格差はおそらく解消していないし、むしろ今後、ますます広がりそうです。

経済の豊かさから生活の豊かさへと価値観を変えるということは確かに重要ですが、しかし、経済的な豊かさが未達成な部分をどうして行くべきか。

**佐藤**　一番、むずかしい問題ですよね。

自民党政権も、小泉改革のときの郵便局がその典型ですが、徹底して地方の切り捨てをしています。郵貯の預金規模が世界的に見ても異常なものであるなどといった話はありましたが、そうだとしても、地方における郵便局が担っていたのはただはがきと切手を売っている、貯金を預かっているという単純な機能にとどまらない。

**開沼**　自動販売機やATMとは違う、そこで郵便物を配達しながら高齢者の単身世帯に声をかける郵便局員がいたり、郵便局が地元の人同士の世間話の場となったりする。それは郵便局だけじゃなくて、コンビニができたらつぶれてしまうような小さな商店もふくめて地元のコミュニティにとって重要な役割を果たしていたりします。

**佐藤**　そういう地方のコミュニティのひとつの拠点となっている郵便局を、簡単につぶそうとしました。しかし、結局最初言っていた話とは違い、実際はつぶせなくて、郵便局のあいだに板をはって、こっちが金融、こっちが郵便事業とか、バカみたいなことをやって、いままでの流れのなかで必要だった郵便局というものを台なしにしてしまった。

所得がどうかということよりも、地域社会のコミュニティのなかで人びとがそれぞれお互いを守っていければ、所得格差によって発生する問題の中でもカバーできる部分も非常に大きい。地方の政治家として住民の方々と個別に話をしているとそれを実感します。そういうことを大切にするような社会を目指すことが、日本全体の安定化につながるんだと思っています。

例えば、東京に住めば家賃は高いし、駐車場代も含めれば生活するだけですごい出費になる。もちろん若い人たちには別の価値観があるとは思いますが、都会で生活をするために過剰な所得ばかりを追い求める必要は決してない。

東京で土地を買うなんていうのはできる人にしかできないことで、あるいは、その辺で寝ていたら怒られてしまうわけですが、田舎の親戚の家に戻れれば、その辺の小屋で寝ていていいよ、と言われるようなこともあるかもしれませんね。経済だけではなく、人と人のつながりが生活をつくっていく。

**開沼**　なるほど。都会でがつがつした生活をするというわけではなく、地方の「うつくしさ」の中で幸せを追求していくというときに、若い人たちをどう巻き込んでいくのかという問題は大きいと思います。例えば、医療の基盤や、教育の整備は最低限する必要がある。しかし、そう用意したとしても、どうしても、東京に電気だけでなく人材ももっていかれてしまうという状況がある。

**佐藤**　そのあたりが、一番の課題ですよね。一度は東京に行ってみたいとか、あこがれる部分はありますから(笑)。

その点では、地方の魅力を発信していく以外にはないと思います。仕事を引退してから地方で暮らすという人

しぶき氷（撮影：佐藤栄佐久）

は少なくない数でいるわけですが、それは地方の魅力によるところが大きいでしょう。それを若い世代にも広げていく。魅力というのも、些細なことでいいんだと思います。気候とか風景とか食べ物とか。そういった細かい魅力を、見つけて示していくしかない。

例えば、「しぶき氷」というのがあります。ご存知ですか。

**開沼**　いえ、はじめて聞きました。

**佐藤**　猪苗代湖の天神浜というところだけにできるんです。風があるときに湖の水が空中に飛んで、一番寒いときにある場所にだけ自然発生する氷の芸術なんです。その日その日で違うかたちの氷ができるんです。登山家の写真展で存在を知り、私がそこを記者のみなさんに紹介してお連れしてから、毎年、季節になると新聞やテレビで取り上げられる風物詩になりました。きれいなんです。

知事をやっている時は、そういった福島県の魅力を私自身が一番よく知っているから、積極的に発信するようにしていましたね。他にも、昔からある、埋もれてしまった神社もいっぱいあります。自分自身で歩いてみて見つけるんです。例えば猪苗代湖沿いの会津に抜ける道路、県道ですがようやく車が抜けられるような道路沿いに、非常に立派な延喜式の神社があります。県道をちょっと整備するだけで、そういうすばらしいものをより多くの人に見てもらえるわけです。

**開沼**　自然の魅力や豊かな文化・歴史というものは、福島県出身者であれば、いま福島県に住んでいなくてもよく分かっています。ふるさとのものとして心情的にすり寄っていく部分もある。

３・11のとき、東北や北関東出身の人というのは、心配になるわけですよね。そのときに、郷里を離れて東京なり何なりで働いている若い人たちは郷里のために何ができるのか、考えたと思うんです。いまの仕事をやめて郷里のためになにかすべきか、あるいは、都市部にいながらなにかできるのか。

若い世代が、東京に住んだり都市部で働いたりして、でもさまざまなきっかけで、ふるさとに帰っていきたいという想いを抱いたときに、そういう人たちを地方はどう受け止めることができるとお考えですか。

**佐藤**　雇用の問題が大きい。働く場所ですね。それがないと現実にはむずかしい。若い人に働く場所があれば、とどまってくれると思うんです。

例えば、双葉地方も発電所だけではダメですから、東電に東電の関係の会社を積極的に誘致してもらう。発電所そのものからみれば微々たるものですが、そういうことも含めて働く場所の確保というのは非常に重要です。

**開沼**　そう考えた時に、大都市に拠点をもつ企業に地方工場を作ってもらうということはよくあると思います。ただ、それは、ある面で「他人に依存している状態」になってしまい安定しない部分が出てくる。例えば、ちょっと景気が悪くなったり、円高になったりしたら「もう地方工場撤退して海外行きます」なんて言われて何百人も何千人も失業するなんてことになりかねない。さらにいってしまえば、地方に雇用がないのは都市部に一極集中していることも大きい。

地方自治体が独自の動きとして、公共事業に限らず、県内に雇用が生まれるようなことを考えていく、働きかけていくということはできないのですか。

**佐藤**　自治体がそういう意味での動きをするのはむずかしいですね。もちろん、企業や工場、あるいは施設の誘致ということであればできます。

例えば、郡山で言えば、ビックパレットふくしまという施設を駅前に作りましたが、それによって雇用が生まれてくるような部分はあるでしょう。しかし、自治体そのものが直接的に雇用を創出していくというのはむずかしい。やはり、そう考えると開沼さんがおっしゃるように一極集中というのは大きな問題だと思います。首都機能移転のような議論はもっとされるべきではないでしょうか。雇用の問題は、地方だけの問題ではなく、日本の構造の問題です。地方だけで解決するのはむずかしいかもしれない。

**開沼**　そうですね。この答えが見つからないから多くの自治体が苦しんでいる。

佐藤さんが一九八七年、最初の国会答弁をした記録を拝見していて「快適な生活」ということをおっしゃっていますね。平和、自由、そして、ある程度の経済的な繁栄を実現した日本で、これから実現されるべきなのは「快適な生活」であると。具体的に言えば、望んだ形での住宅を手に入れられない人が多い。そのような中では、新幹線が通っている郡山は定住して東京にも通えるし、ほかのところにも行けるような位置にあるわけだから、そういったところを生かしていくべきだと。

いまのお考えもそんなに大きく変わってはいらっしゃらないと思いますが、やはり、郡山から東京に通うのは実際にはむずかしい、なかなか広まってはいないというところも感じてらっしゃいますか。

**佐藤**　そのころはむずかしかったのですが、いまでは郡山から始発の電車が出るようになりましたからよくなりました。昔は白河が始発だったんです。ですから、白河には東京で働く方の住宅地もできたわけです。通勤はたしかにたいへんですが、快適な場所に住んで、いま白河には一〇〇人くらいは通ってらっしゃる方がいるんじゃないでしょうか。そこから郡山にのびましたので、郡山からも通勤できる条件は整ってきました。条件の全てが悪くなっているわけではなく、少しずつよくなっている部分もあります。こういったことも一つの転機になっていけばいいと思います。

## 一極集中型ではない「まちづくり」——「七つの生活圏」という発想

**開沼**　その観点で言えば地方分権という言葉がここ二〇年で一般的な言葉となりさまざまな施策が実現されてきました。その結果としてよかった部分もあれば悪かった部分もあったと思います。佐藤栄佐久県政で実現した、さきほどの生活圏づくりについてもう少し詳しく教えていただけますか。

**佐藤**　私は、知事になってから、何度か申し上げているように、権力構造、あるいは国土作り、地域作りを富士山型ではなく、八ヶ岳型、さらには、阿武隈山地型のなだらかな高原のような、いわゆるフラットな形に変えていかなければならないという信念をどうにか実現しようと努力してきました。

知事に就任した際には、国と地方、都道府県と市町村、そして住民が、イコール・パートナーだということを言いました。というのは、どうしても皆さんの頭の中には、従来の中央集権型の縦の関係、いわゆる国‐県‐市町村‐住民の縦の関係が残っているのではないかと思ったんです。そうではないんだ、そういった体質を変え、縦の関係を横の関係に変えることが必要だということを伝えたかったんです。

そして、一九九四年ですが「地方分権・うつくしま、ふくしま・宣言」(17)という地方分権に関する宣言を県として出しました。そして、ちょうど、同時期に村山富市内閣が誕生すると、そこでは三つの大きな課題の一つとして、地方分権が取り上げられ国政でも地方分権に焦点が当たることになり、地方分権一括法までたどり着いていく流れができました。

**開沼**　地方の独立財源、権限を認めていくということですね。

**佐藤**　そうです。そのような中で出てきたのが「21世紀の新しい生活圏」の構想です。具体的には「七つの生活圏づくり」ということになります。

七つの生活圏とはどういうことか。福島県の基幹道路として、まず縦に浜通りを通る常磐自動車道、中通りを通る東北自動車道、会津を通る国道一二一号という三本の路線、そして、横に南側からいわき・白河・田島を通る国道二八九号、いわき・郡山・会津を通る磐越自動車道、そして、まだ完成していませんが相馬・福島から山形の米沢へと抜ける東北中央自動車道の三本の路線がある。いまあげた縦と横で交わる点を数えると九個になりますが、会津地域といわき地域は二つの結節点をふくむと考え、この基幹道路の結節点を生活圏として、計七つの各生活圏単位で保険・医療・福祉の機能や企業誘致なども含めた雇用の場を確保しようという構想です。

**開沼**　それまではとりあえず全県あげて開発をしなければならないと、ある種の固定観念化していたところから、人がどのようなエリアを軸に暮らしているのか見極めたうえで

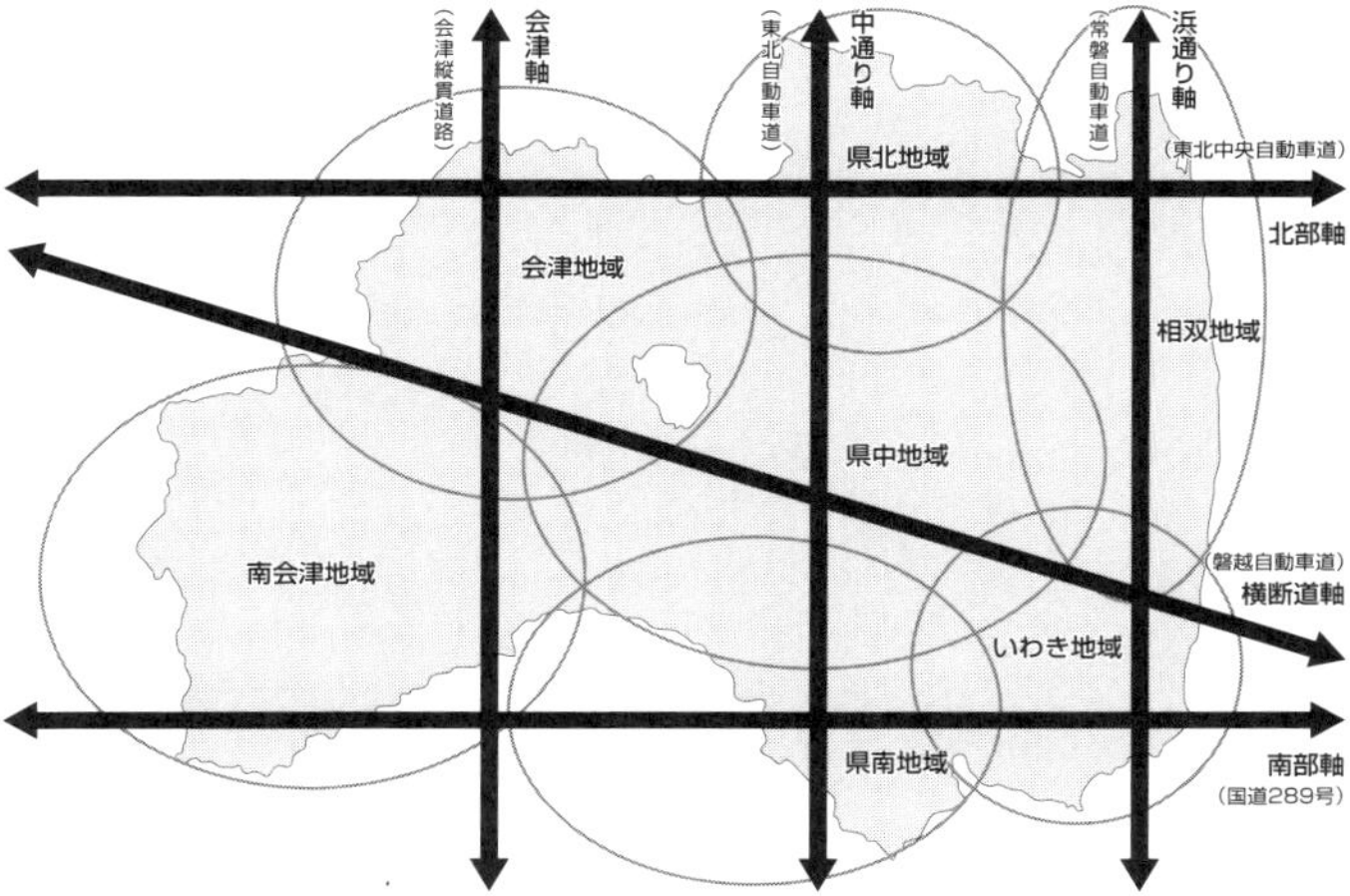


7つの生活圏とそれを結ぶ連携軸

すね。「生活圏」を定めてその必要な拠点を決めて、メリハリのある県土作りをしていくということで

ある面では、乱開発とまでは言いませんが、とりあえず開発できるだけひたすら開発すればいいんだ、そうすればみんな豊かになるんだというような経済成長期らしい発想を改め、生活に必要な物を各生活圏・拠点に用意した上で、自然と調和したバランスのある県の運営を目指したわけですね。

**佐藤**　七つの生活圏ということになりましたが、別に七つでなくてもよかったんですよ。三〇でも五〇でもよかったんです。実際に、本当はもっと細かく分けるべきだと私は思っています。例えば、喜多方と若松と坂下というのはそれぞれ三里離れている正三角形の位置関係にあります。これをひとつの生活圏にしました。

ここで重要なのは、そうすると、そのなかでも中心的な地域である若松に集中してしまうということなんです。役人の頭で言うとまとめて扱う、ということは、その中の中心地にものを集中させるという志向になってしまう。

ただ、必ずしもそれがいいというわけではありません。例えば、林業事務所というのがそれぞれあったわけですが効率化を求めてこれを統合するときに、喜多方におけ、と私は言ったわけです。役人からすれば、一か所に統合するならば、当然、若松に持ってくるということになる。しかし、喜多方の林業事務所のほうが規模等を考えると効率がよかったんです。

**開沼**　行政の効率化というと、「合併」とか「統合」と言った言葉が出てきます。ただ、「合併」や「統合」をすれば必ず効率化に成功するというわけではない。それまでばらばらだったものをまとめるにしても、再度分解して考えてみる必要がありますね。

**佐藤**　福島県というのは、東京・神奈川・千葉・埼玉が合併したのよりも大きいんです。

**開沼**　そうなんですよね。県の大きさということでいえば、岩手県に次いで全国二番目の広さ。住んでいても意識しませんが、東京＋神奈川＋千葉＋埼玉＜福島という、少し驚くものです。

**佐藤**　ですから、七つくらいに分けるというのは当たり前のことなんです。しかし、本当はもっと地域ごとの展開を細かく考えていくべきだと思っています。

　田島町を中心とした南会津地域と会津若松市は、外から見てると近いように感じますよね。

**開沼**　はい、三〇分とかそのくらいでしょうか。私は浜通りの地理関係は分かりますが、会津には学校の遠足とか部活とかを除けばほとんど行く機会はなかったので感覚がつかめませんね。

**佐藤**　これは、実際に只見や檜枝岐から会津若松にいくと、二、三時間くらいかかります。大きな医療機関にいくのにも大変ですし、雇用の流動性もなくなってしまうんですね。

　だから、一旦、生活圏ということで生活に必要なものを整備していく。そして、不必要な過疎化が進むのを防いでいく。そういう狙いがありました。過疎地域に指定されていたところが実際に指定から卒業するという成果もでました。

**開沼**　出口がないように思えた過疎地域も、必要最低限の生活インフラを整備すれば元気になる可能性に開かれるということですね。佐藤さんの考え方はこれまでとは違う新しい可能性のあるモデルだと思います。

そういった点では、福島・郡山・いわきといった県内の比較的大きな町の駅前がシャッター街になっているということがあります。やはり、道路が通った、施設も整備された。それでも、仕事にありつけない、消費が伸びない、若年層は外に出て行ってしまい、高齢化は進む。そういった動きが止まらないというところも一方で大きな問題としてあると思います。

地方の経済と雇用の問題というのは、多元方程式的に、ここで答えが出たと思ったら、あっちで不整合が出ていたという、もぐらたたきのような、非常に深刻なもののようにも思います。

**佐藤**　過疎地に目がいきがちですが、都市部のまちづくりもまた極めてむずかしい問題です。福島県は二〇〇五年「まちづくり条例」を、もめましたが訴えられることもなく、作りました。

**開沼**　地域への全国チェーン店などの進出を規制するというのが自由の侵害だ、憲法違反だなどと言われた話ですね。全国チェーンの大型スーパーが来ることによって、地元に根付いていた商店街がつぶれてしまう。その上、大型スーパーが撤退すればその地域には店がなくなってしまう。

大型スーパーを絶対的に排除するという話ではなく、地域が主体的に持続可能な街づくりをしていくということが趣旨の条例ですね。

**佐藤**　当初は佐藤栄佐久の負の遺産と言われていましたが、その翌年にはいい法律を作ったと言われるようになりさらにその翌年には絶対に必要な規則だと言われるようになりました。少なくともいまの商店街を一〇年や二〇年は維持していくことができるような法律ではあります。

そういう意味では、積極的に地域振興をするということではありませんが、地域の存続のためにはよかったと私は思っています。また、この条例のおかげで、全国的な展開のなかで言えば秋田市の駅前のイトーヨーカドーさんは一度撤退を決めたんですが、もう一度作ることがむずかしくなるということで継続することに方針転換したりしています。ただ、根本的な解決策になるかどうかは別です。

**開沼**　そうですね、根本的な解決策があれば、誰しもが実践しているでしょうが、それがない。

若者が東京に行って、地方に帰ってこない。その大きな要因に地方に雇用がないということがあるだろうと思います。雇用そのものが都市に一極集中している。都市部に企業と雇用が集中していて、地方に雇用がないという状況が相対的に起こっている。

**佐藤**　一極集中の問題は生活そのものにも関わってくる。

東京で生活するというのは大変です。片道一時間以上もかけて通勤・通学したり、狭いのに家賃がべらぼうに高かったり、そのなかで子育てもしないといけない。

こんな状況じゃ、女性が働くこともできないし、子どもをつくろうという気にもなれない。街そのものが東京に集中するということは、生活の場を奪っていると思うんです。田舎でならば可能なことができなくなっている。

**開沼**　自分自身も福島から東京に出て行き、東京に暮らしている人間なのに、あえて聞きますが、なぜ若者は田舎に戻らないんでしょうね。

**佐藤**　若い人ということでいえば、東京には面白いところや惹かれるものがあるでしょう。

**開沼**　それはそうですね（笑）。実際、一度は出る経験をすることが後々生きてくるようにも思います。

**佐藤**　だからむやみに田舎に来いということも、もちろんできないし、雇用もない状況ではなおさらです。田舎に行きたくても行けない状況が構造的にできてしまっているところはあるでしょう。こういった一極集中を作り出してしまう大きな構造を作り変えていくのは、政治の役割です。全体の状況を考えてバランスをとった国造りをしなければいけないのではと思いますね。

例えば、政府・行政機関や裁判所、報道機関や証券取引所といった国を支えたり動かしたりしているところが東京に集まり過ぎている。企業も人も集まる。

これは長い歴史の中で作られてきたものであり、合理性の追求の結果なのでしょうが、別な形の合理性もありうる。生活の場、あり方を再度考え直すべきです。

**開沼**　電車も合理性を追求するあまり地下五階まで通さなければならなくなっている。

**佐藤**　そういうことですね。

**開沼**　全員が全員じゃないとは思いますけれども、大学に進学したり就職して東京に行っても、戻ってきたいという人はそんなに少なくないと思うんです。

**佐藤**　そうでしょう。

私が国会議員時代の一九八五年、何人かと「緑陽日本構想」というのを作ってやろうとしたのは、いまのような問題の解決策として最適だということだったからなんです。

これまでの道路や橋、無駄なハコモノ中心の開発をやめて、大規模リゾート都市、スポーツ・イベント都市、新情報中枢都市といった都市開発プロジェクトを進めていこうというのがその内容です。当時は好景気で余った多くのお金が国内ではなく国外、特にアメリカに流れていました。それを国内、特に地方に流そうとしたわけです。欧米の開発モデルを参考に、過疎や未発展を逆手にとって生活の質を上げるのに役立つような開発をしようということでした。資金が東京から地方にくるとか、自然を整備することでリゾートとして人がくると。まあ、しかしそれで作ったリゾート法というのは、やはり環境破壊につながるような法整備になってしまうと大変なんです。バランスがむずかしい。

開発はするのだけれども、自然環境や生活環境を守り抜く。このあたりが私の知事としての出発点ですね。

## 道州制の真実

**開沼**　人が暮らすことを考える上で細かく区分けして考えていく「七つの生活圏」という話を考えた時、対になる話として道州制の問題があるかと思います。これもまた、首都機能移転と同じく、戦前から幾度も議論に上っては消えを繰り返してきた話です。例えば、一九二七年に、当時の田中義一内閣が都道府県の上に六州をつくる「州庁」案を出したり、戦後も、一九五七年に地方制度調査会という戦後改革の重要な場で都府県を廃止して全国を7から9ブロックの「地方」に再編するという案を出していたりもする。「道州制によって地域のことは地域に」とか、「省庁のスリム化、財政赤字の削減ができる」とかいった聞こえのいい話はあります。しかし、中央省庁の中でも抵抗する勢力はいるようですし、本当に地方のためになるのか、地方分権に実質的につながるのかは、疑問符がつく。道州制というのは、いままで区分けされていたものを広くして、細かかったものをどうにか合併させて効率化しようという方向の議論です。しかし、何でも集約すれば効率がよくなるという話ではない。むしろ、細かくして見ていこうということですよね。

**佐藤**　具体的なことを言いましょう。道州制になったら、東北州の州都、あるいは中心地はどこになると開沼さんは思いますか？

**開沼**　やはり、仙台ですよね。

**佐藤**　そうです。そうなった時、誰の考えが東北側の考えになるのか。例えば、こんなシナリオも考えられる、という話をしましょう。仙台には東北電力があります。ですので、東北州の経済の中心、あるいはもっと想像力を膨らませれば東北州の経済会のトップは東北電力の社長になりますよね。これは東北だけに限りません。よく考えてみると、それぞれ想定されている州の中心地には電力会社がある。これは、経産省でいくらでもコントロールできるような州知事を作り出すこともいま以上に容易に可能になるということを意味しています。

**開沼**　それは大変面白い見方ですね。というのは、ある面ですでに道州制化している、つまり道州制がすすんだ場合、独立した道や州として構想されがちな北海道と沖縄を考えてみると、北海道の高橋はるみ知事は経産省の出身。さらに沖縄県の仲井真弘多知事は通産省から沖縄電力という。まさに経産─電力ラインです。

**佐藤**　私みたいな人間でも、三年間、福島県内をこつこつ歩いた結果、福島県の知事になれたわけです。でも、東北州になったら州知事には、とても私みたいなのはなれません。道州制になるということは、県はいらないということですから、仙台に州都を置いて、政治は仙台でやるということです。

**開沼**　考えさせられますね……。そういった議論はまったく出てきていないですね。

**佐藤**　例えば、そうなるとマスコミだって仙台中心になって、福島県の福島民友新聞や福島民報はいらなくなってしまうでしょうね。ドイツでは第二次世界大戦後、ファシズムへの反省からマスコミの地方分権を進め、多様性を保とうとした。各地域ごとに独立したマスコミを配置して細かく、地域に根ざした情報発信をすることで国が一色に染まることを避ける。日本がいましようとしていることは全く逆のことです。地元に政治やマスコミによる気配りがいきわたらなくなります。日本で議論されている道州制というのは、一部の官僚や政治家にとって都合のいいものになっているんです。

ちなみに、開沼さんはアメリカでは福島県より小さな人口の州がいくつあると思いますか。

**開沼** いいえ、知りません。

**佐藤** これは当時、知事会なんかでも質問したことですけどね。みんな知らない。アメリカで人口が二〇〇万人以下の州が一六もある。アメリカは全部で五〇州ありますから全体の三割強です。アラスカなんて五〇万人です。それぞれに個性があるんですよね。もちろん三〇〇〇万人のカリフォルニアみたいな州もあります。それはそれでいい。

そういうさまざまな自治の集合のあり方をもって州制としているのに、日本の道州制は、とりあえず、地域毎になんの必然性もなく纏め上げて効率化しようとするものです。本当にそれで効率化されるのかもわかりません。

アメリカの州はみんなあだ名を持っているんですよ。それだけ、それぞれに個性があるということです。その個性をなくして、一緒にしてしまえ、という考え方は、まさに国のコントロール下にすべてを置くということです。

「地方分権のために道州制を導入する」なんていう言い方がされますが、それなら、現状の都道府県制でももっと地方分権を進めるべきです。それすらできていない。ですから、道州制は、本当に注意していないと危険です。福島県だけでも、大きくみて会津、中通り、浜通りと三つの個性は全く違う地域があるのに、これ以上個性をつぶしていく、多様性を一つにまとめ上げていくということになります。

**開沼**　なるほど。

そういったここ一〇年、二〇年ほどの政治のあり方を佐藤さんはブルドーザー型の政治という言葉で言い表していらっしゃいます。

ここで少し疑問に思うのは、昔はそういった型の政治はなかったのかということです。というのは、所得倍増計画とか日本列島改造とか、そういった政治というのもまたブルドーザーとみることもできるんではないかと思うんです。

**佐藤**　五五年体制についていうと、政権をとるのは、自民党内の大きく五つの派閥です。

単純にその政治体制がよかったと言うつもりは全くありませんが、例えば、いまの二大政党制を見ると、そのときのほうがよかったのではないかと思ってしまいますよね。常に批判の目が権力の周りを囲み、新しい勢力が取って代わる状態にある。流動性がある中で大胆な政策も出てきた。しかし、現状は権力に批判の目が向かない構造の中にある。

ブルドーザーのように進めるな、というのは原子力政策について私が言った言葉ですね。原子力政策は、かなり強引にすすめているということは分かっていましたから、もんじゅの事故のときに、そういう体質について問題提起したんです。

**開沼**　そういった意味では、佐藤さんは、最も具体的な批判者としてブルドーザー型の原発政策を変えようとはされていた。

**佐藤**　私は変えようとしましたが、知事を辞めてしまいましたからね（笑）。国ににらまれてもあたりまえの発言を相当、原発に関してはしてきましたね。私の逮捕が、原発との関連でいろいろと言われていますが、たしかに二〇〇四年に原子力委員会の長期計画策定会議ではかなり痛烈な批判をしました。原発事故から一年近く経ちますが、まだ責任をとらずに委員長をやっている近藤駿介原子力委員長に、「もんじゅの事故のときは橋本総理に「ブルドーザーのようにそこのけそこのけと原子力を進めないでください」と申し上げましたがいまは「戦車のように進めないで下さい」と言いたい、すなわち「何処から玉が飛んでこようと進むんだ」と言うようないまの状況です」と言ったわけです。

ちなみに、二〇〇六年には安倍内閣のテーマだった「憲法改正」と「道州制」の議論も徹底的に批判して、言ってみればつぶしました。いずれにしても、私が邪魔な存在だったというのは間違いないでしょうね。

**開沼**　道州制は、小泉政権の高支持率と地方分権政策の流れを引き継いだ安倍政権の中で具体化されました。その後ろに省庁、国の大きな方針があったと思います。具体的にはどういう攻防がそこで起こっていたと見ていらっしゃいますか。

**佐藤**　少し細かい話になりますが時系列を追いながら当時の動きを考えるとよくわかります。開沼さんもご存知なかったようにあまり知られていないことですから、詳しく順を追って説明しましょう。

まず、二〇〇六年四月二一日の全国知事会の三役会で、私に対して五月三一日の欧州の地方自治体協議会でストラスブールの会議に行ってくれという要請が、通産省出身の福岡県知事の麻生渡会長からありました。それで引き受けて私がストラスブールに行くということが決まったんです。

そうしたら、その次の知事会の議題が道州制だった。

六月一日に道州制委員会をやるという話になっていたんです。ああこれは、いま邪魔者を追い出したから、そのいない間にやろうということだなと思いましたよ（笑）。私が逮捕されたあと、和歌山県の木村良樹知事も逮捕されています。これは「道州制隠し」ではないかと思っています。あくまでも想像ですが、私だけが逮捕されたら「道州制つぶし」をつぶしたと思われて、安倍政権が批判される可能性があります。だから道州制特別委員会の委員長としてやっていた木村知事も大阪地検に逮捕させた。

当時、道州制に反対して新聞に投稿していたのは、福島県と兵庫県くらいだったと思います。他の県は、どうせ具体化するのは五年、一〇年先で、自分たちが知事を辞めてからのことで関係がないと、あまり意見を言う人もいなかった。

しかし、私は道州制の委員会のときに、欧州に派遣されていますので、富山県の石井隆一知事にお願いして反対の人を集めてもらった。よくよく聞いてみれば、あんまりみんな賛成はしてないんですよ。それで福島県、茨城県、富山県、静岡県、奈良県が反対の県としての意見書をまとめて、委員会に提出したわけです。

その結果、本当は六月一日の道州制委員会で決めてしまうわけだったんですが、決まらなかった。次の七月二二日の松江での全国知事会まで道州制については結論を出さず、ということになりました。

安倍内閣は憲法改正と道州制をテーマに九月二七日に発足しています。ちなみに、同日に、私が知事の辞表を提出して、次の日に辞職しているわけです。こうやってみると、非常にうまくできあがっている（笑）。

小泉首相が自民党に道州制の検討を指示するのが二〇〇二年四月一五日。二〇〇三年の岐阜での知事会で神奈川県の松沢成文知事がしつこく道州制を提議してきた。分科会でダメになったのにしつこく出してくるんですよね。だから、東京と埼玉と千葉と神奈川で一緒になったらいいじゃないですか、といったんですよ。千葉県の堂本暁子知事は、千葉はなりませんよ、と言っていましたが（笑）。

**開沼**　安倍さんは道州制に対して、なにか思うところがあったんですかね。それとも官僚から言われたということなのか。

**佐藤**　官僚から言われたんだろうね。安倍さんはとくに考えはないと思いますよ。政治家というよりは、これは官僚の動きですよ。もちろん具体的に経産省が絡んでいるのかどうかは分かりません。

もしそうであるとすれば、さきほども言ったように、例えば道州制になれば、州の経済界の支配者は電力会社のトップになるということです。経産省のコントロール下におかれることになる。そう見ることもできるかもしれません。

**開沼**　知事になる人と官僚との関係を見ると、戦後すぐから九〇年代までは自治省出身者が多いんですよね。それが、九〇年代から二〇〇〇年代にかけて通産省・経産省出身者にとって代わられてくる。

**佐藤**　私は一度、知事会の会長を誰にするかという選考委員会の委員になったことがあります。そのときに、自治省関係の人は、参議院議長も務めた埼玉県の土屋義彦知事を推していたんです。それに対して、大分県の平松守彦知事を推す声があった。つまり自治省出身者以外にしようという動きですね。結局は、土屋さんになりましたけど。このころが、自治省から他省庁へという分岐点なんですよね。

このあと、綿密な計画が組まれたのかもしれません。たしかに知事も経産省出身が多くなった。次に建設省出身の岐阜県の梶原拓知事が会長になり、ここで改革する知事会というテーマでかなり本気で動きはじめることになるわけです。それからさきほど名前を出した通産省出身の福岡県知事の麻生渡さんが会長になった。

**開沼**　なるほど。興味深いお話です。であるとすれば、少なくとも外から客観的に捉えられることの大きな変化は、なにを意味するんでしょうか。これまでの分配型政治が崩れた中で出てきた、地域から経済効率化へと見ることもできるこの地方自治役割の変化。

**佐藤**　経産省の価値観による日本支配だね。もちろん想像ですが、知事をかためれば、日本を支配できる。しかもそれで道州制にしてしまえば、州都のトップは経産省出身の州知事になる。さきほど申し上げたシナリオです。

**開沼**　自治省から都道府県知事へのルート、つまり、中央から地方に派遣するというのは、戦前からの内務省はある意味で地方を効率よく開発するという意味づけがあったのかもしれません。ですが、開発の時代も終わり、地方も経済水準が高まってくる。すると今度は経済成長と地方の開発を両立するフェーズから経済維持に、地方行政の効率化に足並みを揃えさせるフェーズに移ったと。

**佐藤**　自治省の役人は「官僚」ですよね。私なんかが知事として、さっきから言っているように、自分の理念を貫こうとしたときに、自治省の役人というのは本当にいいスタッフになります。特に変な欲もなく動いていたと思いますね。地方自治体がうまく運営できればいいという視点が自治省にはあるように感じます。お願いすれば、人を派遣してくれますし、その人もスタッフの一人として、頑張ってくれるという姿勢は感じますね。

**開沼**　経産省はどうです。

**佐藤**　政治家が内部から喰ってくる。政治家が自分の息のかかった官僚を入れてくる。政治家がからんだものは私は一切拒んできました。県知事が二人になっても困りますから。

**開沼**　福島県は、佐藤さんが知事になって初期の頃、中央省庁からの部長以上の出向はゼロという時期もありましたね。当時はそのような地方自治体はめずらしいということでマスコミで取り上げられたりもしていました。

**佐藤**　地方自治体に中央から役人が出向してくること自体はいまでもありますし、そのまま中央に帰らずに地方自治体の職員になるという例もあるように、熱心に仕事をしてくれることは多い。ですので、一概に出向が悪いという話ではありません。

しかし、中央による地方自治への「影響力の行使」として出向が使われるのは問題がある。その点で、出向をなくし、県庁生え抜きの職員で組織を作り直した時期がありました。県庁生え抜きでも優秀な職員はたくさんいます。能力があれば権限のあるポジションに行けるんだ、という前提をつくりたかった。

**開沼**　「影響力の行使」はどのような形で行われるんですか。

**佐藤**　例えば、やはり官僚の地方への出向に、政治家がからんでくることがそうですね。それを引き受けていってしまうとどうしようもない。県政なんてめちゃくちゃにされてしまう可能性がありますからね。

私の場合は、中央から余計な影響を受けない形で、県で決めた政策を徹底的に実行しました。安倍さんが幹事長のときにも、ジェンダーの政策についてバックラッシュなどと言われていましたが、県内の公立学校をすべて共学にしてしまいましたし。

## 医療の地域格差について

**開沼**　なるほど。県で決めた政策の実現に向けては、県が、それこそ国とイコール・パートナーとして対等に、あるいはむしろ国の論理とは別な論理で動いていった。例えば、七つの生活圏の話でいえば、さきほど少しふれていたように、その地域で十分な医療が受けられるような状況をつくるということが重要な点だったわけですね。

**佐藤**　医者不足の問題では、政治的にもかなり動きました。

これはもう厚労省が一番の問題だね。厚労省は医師会の代理人みたいなことをやっています。医療や福祉の問題は、厚労省・文科省・大学の問題です。福島県には県立医大というのがあるんですから、医者が足りなければ県立医大の定員を増やせばいいんです。しかし、定員を増やすためには、文科省、厚労省、総務省の三者協議っていうのをやるんですよ。

**開沼**　そうなんですか。なんだか大げさな、すごい話ですね。

**佐藤**　まあ、すごい話だよね。地方の医師不足についてなにもわかっていない三者で協議するわけですから。しかも、うまい逃げ道を彼らは作るんです。

人口六〇〇〇人の只見町にはお医者さんが誰もいない。いまは南会津町になっていますが、となりの村の伊南村というところでは、八〇歳を過ぎた女医さんが車いすに乗って診療しているんです。そのお医者さんが、只見町から一番近いところにいるお医者さんなんです。

**開沼**　只見というのは大きなダムがあって水力発電をしている地域ですね。『「フクシマ」論』の中でも取り上げましたが、一九五〇年に国土総合開発法という法律に基づいて、敗戦した日本がここで作る電気をもとに復興していくぞという場として定められた。

**佐藤**　さすがですね、そのとおりです。只見というのは、東京をはじめとして、電気を必要とする街や産業に対して戦後の復興に尽力してきた地域です。その只見にお医者さんが一人もいないんです。

　そんなふうに医者を増やそうとしない三者協議の考え方は単純です。結局は、医者を増やしたら大変だ、と。厚労省の力が大きく働いているのでしょう。

　川崎二郎(18)さんが厚労大臣になったときに、医者を増やすという結論を出してくれました。そして、私が知事を辞職する直前あたりから、全国的に医師不足が問題になって、定員を増やすことになったわけですが。東北の大学が一〇人ずつくらい増えて、全体で一〇〇人くらい増えました。

　まだまだ問題は山積しています。研修をどこでやるかといったむずかしい問題もありましたし、どうしても若い医師が都市部に行ってしまうという問題もありますね。

**開沼**　定員を増やしたくないのは、クオリティが下がるということですか、それともお金がかかるということですか。

**佐藤**　いやもう、医師会でお医者さんがたくさんいたら困るんではないですか（笑）。いまいる医者の既得権益がうばわれてしまう。例えば、郡山に歯医者さんの学校ができましたが、郡山市内に歯医者さんがいっぱいできましたね。そうすると、なかなか歯医者さんでやっていけなくなります。医者が足りないところは足りないんですが、増えすぎると同じ事が起こる。歯医者と医者とでは所得に大きな差がありますから、医者はもっと増やしても大丈夫なんでしょうけど、まあ、嫌なんでしょう。

役所が利権を守ったり、あるいは原発でチェックすべきことをしないで事故を起こしたり、あるいはアスベストのようにダメだといわれている情報を日本ではオープンにしないで一〇年以上も使い続けたり、もっと国民の立場になってもらいたい。本来、国民の立場にたってチェックを行うようなところが、現実には業界の保護者になっていますから。

**開沼**　僻地における医療の問題はなかなか解決しませんね。

**佐藤**　医者不足は深刻ですから。毎年、激しいバトルをしてきました。文科省と厚労省と総務省で、どこに責任があるのか分からないような状態でやりあっていました。津島雄二[19]さんという青森の衆議院議員で宏池会の大先輩だった方ですが、彼とは原発でもやりあいましたが、医療問題でも相当にやりあいました。

## 環境をめぐって――地方だからできること

**佐藤**　さきほど、すこしお話しましたが、私は知事時代に「うつくしま、ふくしま」ということを進めてきました。条例などもいろいろと試行錯誤しながらも作ってきましたが、やはり景観や環境に関する考え方はヨーロッパでとくに進んでいます。

さきほど、知事になる前、国会議員時代に、谷垣禎一[20]さんとか大島理森[21]さんとかといっしょに「緑陽日本構想」というのを作ったというお話をしました。これはフランスにある「ラングドック＝ルシオン」といって、北で稼いだお金を夏場になって南の地中海で使わせるという考え方にヒントを得たものです。北側に大都市があり、経済的にも潤い、人も集まっている。その人たちが夏場に長期休暇をとって南に行って消費する。南と北との格差対策にもなります。

**開沼** 合理的な考え方です。しかし、休暇の長いヨーロッパらしい考え方ですね（笑）。

**佐藤** たしかにそうですね。日本で休暇をのばすのはむずかしいですが（笑）、理念の部分で、こういった考え方を日本でも根付かせて、都会で稼いだお金を、自然豊かで食べ物も揃っている地方に回し、それぞれが経済を成り立たせるいい循環を作れないかということを考えてつくったのが「緑陽日本構想」なんです。

実は、この「緑陽日本構想」を作って、すぐに私は福島県知事になったので、いうなれば福島県がこの構想の実演の場になりかけたわけです。「緑陽日本構想」はさきほども申し上げたように内需の拡大を目指したある種のリゾート開発を推進するような、リゾート法的一面もありました。ところが、いざ就任してみると思ってもいなかった負の側面が見えてきた。実演の場どころか、リゾート法というのが日本をめちゃくちゃにする可能性があるということが分かったんですね。

**開沼**　どういうことでしょうか？

**佐藤**　例えば、もうすでにその当時から熱海では海が見えないくらいに高層マンションが建ってしまっていた。建築物で海が見えない、山も見えない。それから、越後湯沢なんかでもリゾート開発で高層マンションがばんばん作られて高額で売られていましたが、それまでの景観などなくなっていた。

**開沼**　現在になって反省されている「バブル期の乱開発」がなされていたわけですね。

**佐藤**　簡単に言えばそういうことですね。しかし問題は簡単ではない。非常に深刻です。

猪苗代湖周辺にも開発の計画がありました。ただ、不幸中の幸いなのは私が就任したときにはまだ高層建築が一つしかできてなかったんです。そのまわりに高層の建物が二つ三つできる計画はすでにあった。それでこれを止めないといけないと考えたわけです。そこでできたのが「リゾート地域景観形成条例」という日本初の条例です。この条例によって開発計画をとめて景観を守ることになった。

結果は明らかです。当時、できたてだったリゾートマンションの値段は一部屋五〇〇〇万円とかいっていたんです。これがいまとなっては五〇〇万円くらいだと聞きます。もうどうしようもない。条例ができていなかったら、大変なことになっていましたね。

**開沼**　そういう例が日本のいたるところにあるんでしょうね。廃墟にならずに辛うじて値段がつくぐらいでよかったですね。バブル期だから、とりあえず作ってしまえば不動産は高い値をつけても売れる。ただ、作って売れればよくて、その後のことまで、その地域をどのようにしていくのかというところまでは視野に入れてはいないという状況にあった。

**佐藤** それにブレーキをかけたわけです。もし条例ができなかったら、建築途中で開発が止まってしまって、廃墟が沢山残ったでしょう。

**開沼** しかし、その当時は、これからはみんな休暇は地方に行って過ごすライフスタイルになるんだ、ここも軽井沢みたいになって地元も潤うんだ、というようなバラ色の未来ばかり描かれていた時期でもあったでしょうね。その熱狂の中にもし自分がいたら、そういう冷静な判断が必ずしもできなかったんではないかと思うところもあります。「緑陽日本構想」のすぐあとでそういった冷静な判断をした佐藤さんは素直にすごいと思います。なぜ先を見据えた冷静な判断ができたのか。

**佐藤** その点も、やはり、海外の事例から学んだことは大きいです。例えば、スイスとフランスにまたがってあるレマン湖(22)は、周辺に二〇〇万の人が住んでいるんです。

**開沼** いまの福島県民の数ぐらいですね。それが湖周辺に集まっている状況だと、それだけの人が生活し、産業が生まれれば、琵琶湖などでも問題になったりしましたが景観はもちろん、水質汚濁などありそうですね。

**佐藤** そうなんです。ですが、彼らは国際条約をつくって湖を管理している。

例えば、周囲から入ってくる水はそのままレマン湖に流しません。きちんと下水処理をして湖に戻します。湖はきれいなままなんです。

裏磐梯の水域も閉鎖的ですので汚染されていくことに対しては十分に対応する必要がある。レマン湖ほどの大きな規模でそのような管理ができるのであれば、四〇〇の湖畔のある裏磐梯でもできないはずがない。そこで対策を立てようと県の職員を村の役場に派遣したんです。

ここで思い知らされたのが、やはり、国‐県‐市町村‐住民の縦の関係の強さでした。

ヨーロッパには村が一番厳しい条例を作ることができるところがある。州がその次です。そして国と続く。日本はどうかというと逆なんです。例えばその裏磐梯の下流にある猪苗代湖を県はきれいにできないんです。国は一番厳しく決めているんだから、猪苗代湖に関して県ではそれ以上に厳しく管理してはいけない、というわけなんです。企業的な発想とでもいいますか。

**開沼**　トップダウンで決まってしまっている。日本ではいたるところで見られる構造ですね。まさか条例を制定する際にもその「伝統」が生きているとは思いませんでした。

**佐藤**　私は国‐県‐市町村‐住民の縦の関係を横の関係に、あるいは国→県→市町村→住民という権限の流れを住民→市町村→県→国に逆転させるべきだと考えています。あるいは、「官官の分権」は古い。官から住民への分権がされるべきです。

**開沼**　佐藤さんは、二一世紀の目指すべき社会を「網の目のようなフラットな社会」というような表現もなさいました。小さな単位での動きがつながっていき社会の全体を作っていくということとですね。

**佐藤**　その通りです。スイスのマッターホルン山麓にツェルマットというところがありますが、ここは国がどう決めようが知らないといって、自分たちのところにはガソリン車は入れないと決めているんです。一九世紀からずっとガソリン車を入れていません。

**開沼**　では、なにで……。

**佐藤**　馬車です。いまは電気自動車を使っています。で、「太古の空気が吸えます」と謳っているわけです。

つまり、自分たちの未来は自分たちが決められるんだと、ここが大切なんです。国が、猪苗代湖なんか、勝手にきれいにしてはいけない。もし住民の意思で国より規制を厳しくしたらホテルもなにも作れなくなるようにする、というような態度なわけです。それでも、水をきれいにするということで政策を実行していきました。

例えば、裏磐梯の北塩原村は村の予算が三〇億円なんです。そこが一〇〇億円かけて自分たちで全地域に下水設備を整備した。こんな素晴らしい判断をする村はどこにもありません。自分のことを自分で決める。上に決められるのではない。その場所にある村こそが、きれいな湖にしたいと一番思っているわけですから。

**開沼**　リゾート開発が進められた時代背景を言えば、例えば八五年にプラザ合意があったことに象徴的ですが、円高になり、それまで日本を支えてきた輸出産業が厳しくなっていく。その中で、自民党だけでなく日本全体が、モノを製造して輸出することに頼らないで生きていけるように、内需拡大をしようと考えていた。

しかし、これはいまにも続く日本に課せられた課題です。つまり、振り返ってみれば、八〇年代から現在までの内需拡大策はことごとく失敗してきている。この結果を佐藤さんはすでに見通していたということになりますね。

**佐藤** 欧米に目を向けると成功した例も多い。いろいろなリゾート開発をするにしても、はじめから景観とか環境問題をどうするかといったことを前提にしながらやるからです。

さきほどもお話ししましたけれども、日本の場合、バブルの当時、一九八七年にできたいわゆるリゾート法にそってやってしまって大変なことになったわけです。「緑陽日本構想」を実現するにあたり、知事になってはじめてわかったことですが。

**開沼** リゾート法は総合保養地域整備法とも言いますね。「保養地域を整備していくことが善である」という価値観が乱開発に直結していってしまうと。

**佐藤** 少しぐらい手を加えてもいいだろう、大差ないだろうという発想ではだめです。細かいことでも気を使っていく必要がある。

尾瀬の沼山峠というところから尾瀬の沼の方をのぞんだところに森林が広がっているんですが、よく見ると、その木々が並んでいるところに不自然な切れ目がありました。それが何かと調べてみると東電が電線を通したあとなんですね。一〇〜二〇メートルの幅です。自然環境を大切にするというのは、ありのままのものを大切にするということです。そこにはあらためて東電に木を植えてもらって直しました。

こういった感覚を持って開発をすることが必要だと考えています。

**開沼** 一九八九年にゴルフ場の開発規制、一九九三年に裏磐梯湖沼水質保全基本計画、一九九八年にはリゾート地域に限定されていた景観形成条例にとどまらず、全県対象の景観条例を制定していらっしゃいますね。

**佐藤** 景観や水という具体的な問題への対応をしていく中で、理念や原則作りもしていかなければならないと考え、一九九六年に環境基本条例というものを作りました。

このとき、まず最初にできあがってきたものを見たら、放射能のことが入ってなかったんです。いまやあたりまえの話ですが、原発も環境問題です。それで、きちんと放射能に関することも制定のときに入れました。これは条例としては全国ではじめてのことでした。

**開沼** いまだから環境と放射能ということは切り離せませんが、当時から緻密なものを作ろうとされていた。そういった点では、「環境知事」と呼ばれたこともありましたね。これだけ環境についての政策を打ち出した県もほかに例がないと思います。

**佐藤** あまりないでしょうね。国より規制をきびしくするといったことは、とくに。知事の国の規制に対する態度は、官僚出身の知事がやはり多いですから、そういうものだ、といった偏見で判断してしまいますから。

先にも話したように、猪苗代湖のことも、国の立場に立った上ではもっときれいにしたいというな発想はあまり起きてこないんですよね。環境問題に関しては、「環境は未来からの信託、環境は資源」という理念のもとで、国をリードしていたと思っています。結局、「国の規制を阻害する条例」ではなく、「事前防止をするための条例」ということで、国の論理をうまくすりぬけて、条例を作ったりしていました。

条例を作ることによって、猪苗代湖の観光地では、大きいところでは三〇〇〇万から一億円くらいの浄化槽を作らないといけない。こういうことは全国ではほとんどやったことがなかった。

他にも、福島県のど真ん中にできた三春ダムは、汚いダムになる可能性があったんです。ダムというのは山沿いにできる。でも、三春ダムは福島のど真ん中にあって、やはり水質汚濁などが懸念されていた。そして、そこから阿武隈川に流れるわけです。

周囲には畜産農家もたくさんありますし、上水道としてもこのダムの水は使用しているわけです。このダムについては、かなり福島県が問題提起をして、国交省の河川局というダムを管轄しているところも水を浄化するためのさまざまな方策をとることになりました。これまでの制度にはなかったさまざまな工夫が必要になった。

**開沼**　そこまで明らかな問題なり改善すべき点があるのなら、国が率先して環境問題対策をやるという話はなかったのですか。

**佐藤**　環境問題に関しては環境省がやっています。ですから、地方は環境省が決めた基準のなかでやれ、ということになる。これが中央の考え方です。

**開沼**　そこでも、国の決めた基準でやる、という発想なんですね。

**佐藤**　そうです。ところが、当然ですが、さまざまな問題で地方と見解がぶつかるわけです。これは環境省の問題ではありませんが、縦割りになっていますから、さきほどの三春ダムは河川局で県のど真ん中に作ると決めてしまう。そうすると汚れた大きなダムができることになる。それをきれいにする必要があるだろうと、浄化システムの設置の必要性を訴えて、地方の側から地元の町長とも一緒になって国に攻勢をかける。こういった流れですね。

**開沼**　なるほど。設計側と現場側で駆け引きをしていく必要があるわけですね。「こうやって作るから受け入れろ」「いや現場はそんな簡単な話じゃないぞ」と。

**佐藤**　少し違う例を出してみましょうか。

栃木県の那須に国立公園があります。ここは国立公園ですから、美化や景観の問題は国が主体となって環境省がきちんとやっているはずです。

しかし、実際は、交通安全ののぼりみたいなものがあるんです。これが見苦しい。また、建物や看板などは、こげ茶みたいな色にして景観を保つことが決められているんですが、黒っぽいこげ茶からオレンジっぽい茶もあるんです。これは統一しているとはいいがたい。こげ茶にするならば「このこげ茶」といったかたちで統一してやるくらい徹底しないといけない。

**開沼**　なんとなく想像できますね。

**佐藤**　これを、環境省はきちんとコントロールして管理していると思っている。景観なんていうものに対して考えも経験もない人たちがやっているわけですから、この程度なんです。

**開沼**　マニュアルを定めて当てはめればそれで管理しているという話に終始し、実情がどういう結果になっているのかまでは目が配られていないと。

**佐藤**　こういうのは、先進地をきちんと研究してやらないといけないと思いますね。

例えば、フロリダ。あそこはすばらしい自然の宝庫ですね。フロリダ半島は山脈に囲まれた湿地帯です。ところが、ここを開発するために湿地帯を囲んでいる山脈を一部分切り崩してしまったわけです。そうすると、当たり前ですが、湿地帯は水を貯えられなくなって乾燥してきます。湿地が乾燥してくるわけですから、そこに街を作れるんですよ。こういう開発をしてきたんです。ひどい環境破壊です。

しかし、それではよくない、自然を生かさなければならないという考え方が生まれてきた。この開発への反省から、地元ではフロリダ州議会よりも強力な権限を持つ水管理委員会をつくったんですね。もう一度、以前の湿地帯の環境を取り戻そうと。

**開沼**　州議会よりも権限のある委員会なんて日本ではありえませんね。

**佐藤**　議会よりも権限がある水管理の委員会があるなんていうことは、本当にすごいですよ。こういうことは、実際に目にしてみないといけない。勉強しないことには分からないわけですから。

その時、同時に「ミティゲーション」という環境をもとにもどす四つの手法、(1)回避、(2)最小化、(3)代替、(4)修復を学びました。尾瀬はまさにミティゲーションを実際にやっています。まず回避。例えばさきほどあげた例ですと山があるところに電線をひきますと、景観が悪くなりますね。ですからこの電線を引く場所を別のところに回避すれば山の周景はきれいになりますね。それから最小化。環境に影響を与えるにしてもそれを最小にするにはどうするかということです。つぎに代替。代わりになるものはないか。最後に修復です。尾瀬でしたら踏み固められてしまったところをもう一度やわらかい湿地帯に戻していく。この四つの手法がミティゲーションというものです。環境問題は復元するところまでいかないといけない。

私が最初に景観の問題を言ったときに反応してきたのは土木部の職員でした。彼らはこういった問題について大学で学んできている。ですから、当然、学者はこういった問題についてよく分かっているはずなんです。

フロリダは州の、国から押し付けられるのではなく、住民の側、地方の側から動き出した大きなプロジェクトとして、そのことに取り組んでいるわけです。

さきにも少し言いましたが、ウズベキスタンではアラル海の問題が有名ですよね。ここは大規模な綿花工場を作るために天山山脈から流れてくるアムダリヤ川とシルダリヤ川をせき止めてしまった。産業の大規模化にともなう典型的な自然破壊です。当時のソ連が国をあげての政策としてこういうことをしたんです。いまアラル海は干上がり、消滅しかかっていますね。塩害も深刻です。

**開沼**　グローバルに目を配りながら、地方の未来を考えている。国から言われたからこうなんだ、お隣さんがそういっているからそうなんだという話に終始しない。そして、実際に自分の目で見て、人の話を聞いてみる。歴史に学ぼうとする点とあわせて、これは佐藤さんの一貫した姿勢ですね。

**佐藤**　世界には学ぶべき象徴的な事例がたくさんあります。ほかの文化と接触するということは非常に大きな意味があることなんです。本を読んで勉強することも大切です。しかし、そういった事例を実際に見たうえで、地方での政策にいかに生かしていくかを考えることが必要でしょうね。

**開沼**　佐藤さんは「共生の論理」ということを常々おっしゃっていました。「世代間の共生」「人と人との共生」「地域間の共生」、多様性の尊重につながる「価値観の共生」そして「人と自然との共生」の五つ。ここまでのお話で出てきた事例を通してこの佐藤栄佐久県政の原理原則が具体的につかめてきました。

**佐藤**　そうですね。共生なしには二一世紀の社会は成り立たないと思っていましたから。

**開沼**　その上で、話が少し戻りますが、例えば中央の環境省がプランを提示して、ああしろこうしろと杓子定規で決めるのではなくて、もう少し地方が主体的に、ここはこうする、これは受け入れないといった形で進めていくことが重要となっていくと。

**佐藤**　その通りです。むやみやたらに反対するということではありません。

**開沼**　自ら判断し、論理を立てると。

**佐藤**　あたりまえのことだと思いますが、その土地の人がその土地のことを一番よく知っているんです。ここには湿地帯があるとか、ここに植物の群生地があるとか。私も県内のそういうところはかなり知っています。ネモトシャクナゲという花をご存知ですか。

**開沼**　シャクナゲですか。県の花であるということだけは子どもの頃から聞いています。

**佐藤**　そうです。ネモトシャクナゲというのは福島県の県花なんです。ところが、いまこの花を見たことがある人はほとんどいないです。山の上にしか咲かない。実はこれは突然変異の花なんです。あんまり寒いところに咲くものですから、おしべが隠れているんですね。高山にしか咲かない。平野に持ってきて植えると、すぐにハクサンシャクナゲに変わってしまうんです。つまり、もとの普通のシャクナゲに戻ってしまう。こういうシャクナゲを県花にするのも面白いですよね。

**開沼**　県花が突然変異なんですね。それは知りませんで

ネモトシャクナゲ（撮影：佐藤栄佐久）

した。

**佐藤**　ほかにも、茂庭ダムを作ったときに、そこの山のなかに樹齢一〇〇年は経ってる細い幹の桜がありまして、調べてもらったら、これが固有種らしいんですね。植物学者がこれを「茂庭桜」と名付けました。「そこにしかないもの」が県内のいたるところにあるんです。茂庭ダムを作ったときに福島市の市長はそこにこの桜の桜並木を作りました。

**開沼**　なるほど。これまで、「環境は資源だ」そして「未来から託されている」といったご発言をされていらっしゃいます。この言葉には非常に実感がこもっているわけですね。

**佐藤**　やはり、これまで述べてきたような政策を実現していくなかで、そういう想いを抱くようになりました。環境こそ資源だということは、実際に自然を見てみれば、わかることです。

イタリアのコモ湖という裏磐梯に似ているところがあるとある外交官の方から聞き、一九九一年、視察に行きました。コモ湖は閉鎖的な水系ですけれども、水はきれいに保たれており、湖の周りは山なのですが、別荘地もそんなに高いところまではなく、非常に素晴らしい景観を保っている地域です。それでコモ市の市長さんにお会いした時に、私は福島県知事として、環境問題を三〇年単位から一〇〇年単位で考えることにしたと言いました。

**開沼**　環境知事と呼ばれはじめていた頃ですね。

**佐藤**　そうです。すると、コモ市の市長さんは立ち上がって、「何を言っているんですか、コモ湖はローマ帝国時代からのリゾート地で、二〇〇〇年以上もこのきれいな状態を保ってきたのです」とおっしゃった。環境問題というのは、それぐらい長い期間で考えなければならない問題だと、いや衝撃でした。すごく印象に残っている言葉ですね。

**開沼**　他方、リゾート開発は短期的な視点になりがちだったのかもしれない。

**佐藤**　壊すのはほんのわずかの時間でも、戻すのには非常に時間がかかります。

さきほども触れたツェルマットの例に戻れば、やはり非常に長い期間で歴史が動いている。二〇世紀がなくて二一世紀になっている。二〇世紀というのはガソリン自動車の時代で、そのまえは馬車です。ツェルマットは馬車から電気自動車になっている。ガソリン自動車を一切入れないという選択をヨーロッパでは村のレベルでできてしまう。

日本だったら絶対にダメです。国道は国がつくっているんだから自動車を入れないなんて許せない、と言われます。ヨーロッパのように村で環境基準法を決めるなんていう話をしようにもできない。猪苗代の環境基準をこれ以下になんか絶対にしてはならない、ということを国がやるから環境なんてきれいにならないんです。環境省の人間でさえ、そういう大きな構造を理解していない。

## 人と人との共生——ふくしま国体・うつくしま未来博、ボランティア

**佐藤**　うかがったお話ですと、開沼さんは高校生のときに、私と遭遇しているとか？

**開沼**　そうなんです。実は、私は高校生のときに佐藤さんにお会いしているんです。うつくしま未来博なんですが、首都機能移転についてのディベートをするイベントがありまして、そこに参加していたんです。ちょうど一〇年前ですね。

**佐藤**　そうでしたか。ちょうど、首都機能移転の話が盛り上がっていたころですね。

**開沼**　そうですね。ふくしま国体[23]も小学生の高学年の時のことで、非常に盛り上がったのを覚えています。ですので、国体も未来博も非常に印象に残っているんです。どちらも、佐藤さんが知事のときにあったイベントですね。

**佐藤**　そうですね。

**開沼**　さきほどの環境の問題のつながりでいいますと、どちらのイベントも地方の側からの論理を作っていく試みということになると思います。一九九五年のふくしま国体と二〇〇一年のうつくしま未来博はどういう思いで開催したのでしょうか？

**佐藤**　まず、ふくしま国体についてですが、国体は国体だけで、終わらせないで、競技力の向上につながるようなシステムを作ろうという目標をはっきりと打ち出しました。国体の時だけよければいい、ということではダメなんですね。それまでは国体が終わると、その県の競技力が落ちるような例がよくあったんです。福島県は国体のあとも、さまざまな競技でいい成績を収めていると思います。陸上は、いまも全国的にいい実績を残していますよね。

**開沼**　福島大学は最近でも活躍するオリンピック選手を多数輩出していて強いですよね。

**佐藤**　福島大学の例で言うと、国立大学が行政法人になって二億円ほしいといってきたんですね。私は、しっかり意味のある使い方をしてほしいということで、例えば陸上スポーツを強くやっていくから、それに五〇〇〇万円という形で目的をはっきりさせてやるのであればいいですよ、と言ったんです。何をするのでも、次につながる、持続性のある動き方をしなければなりません。そういう意味では効果が出ていますね。福島大だと千葉麻美（旧姓・丹野）さん、井村久美子（旧姓・池田）さんがいらっしゃいます。ほかに福島県出身では、箱根駅伝で大活躍した東洋大学の柏原竜二さんや世界陸上にも出場した藤田敦史さん、北京オリンピックに出場した佐藤敦之さんなど活躍している方が多いのはうれしいことです。

**開沼**　うつくしま未来博はいかがですか？

**佐藤**　未来博では、人数を多く呼ぶという意味での成功はできる。しかし、それでは何も残らない。それよりも、コンセプトをしっかりもち、後に残るものをやろうと言ったんです。例えば、未来博では、ボランティアの体制を作りました。

**開沼**　なるほど。

ボランティアという言葉、あるいはNPOという言葉は、いまとなっては一般的ですが、実は言葉自体の一般化は九〇年代の半ば以降のことです。とりわけ阪神・淡路大震災の時に、震災ボランティアが活躍し、またNPOについての法整備も進んでいったという経緯があります。

そういう中では、それこそ都会ではボランティア・NPO団体やそれを支える組織が整備されつつありましたが、未来博があった二〇〇一年の時点で、福島県でボランティアがどう、NPOがどういう概念自体がまだあいまいなところがあったのかもしれません。そこで、未来博の運営にボランティアを募って、公共のイベントに、住民が関わる方法があるということを示したわけですね。

**佐藤** そのとおりです。世の中の成り立ちには、心でつながる社会「ゲマインシャフト」と、打算や利害や利権でつながる社会「ゲゼルシャフト」があります。

**開沼** 社会学の概念ですね。ざっくり言うと、人間社会が近代化の中で「ゲマインシャフト」から「ゲゼルシャフト」(24)に移ってきたという説明がされることもあります。

**佐藤** 私は、この五〇年間、日本の社会というのは、このゲゼルシャフト、利害・利権・経済活動を中心に動いてきて、本当は心でつながっていなければならなかったところまで浸食され、その価値観が普遍化してしまったのではないかと思います。

しかし、市民、県民の皆さんの気持ちのなかには、何らかの形で人や地域のために役に立ちたいという気持ちが少なからずあると思うんです。そういった気持ちを実現できる場を作る。それが生きがいになっていくことで、人も社会もよい方向に進む。

**開沼** かつてあった共同体が崩壊したということはよく言われますが、ではどうすればそこで失われたものを取り戻せるのか。その解決策の一つとして、こういった社会的な活動を拠り所として、まさに「人と人との共生」を再構築していく。それは重要な試行だと思います。

**佐藤**　他にも、協賛金を集めたり、パビリオンを出すのに積極的に県職員が動くということもしました。公務員の問題点がよく指摘されますが、その根本にあるのは、自分から動かない、言われたことをやるだけになって新しい挑戦をしないということです。そういう状況に刺激を与えて、主体性が生まれて、新しいものを自ら作っていくという動きができていきました。

**開沼**　そして、ここでも環境への意識を明確に出していましたね。

**佐藤**　県民の森にフォレストパークというキャンプ場をつくったのですが、自然の山を維持しながら造成するという理念を徹底して作ったんです。そこには、例えば、設計から工事、できあがってからの管理にわたって、自然環境に配慮したエコロードや、野生動物を保護し環境保全する「福島県鳥獣保護センター」などもあります。環境に対する理念の実践モデルとして世界に誇れるものだと思っています。

**開沼**　未来博でも風力・太陽光といった自然エネルギーを使ったんですよね。

**佐藤**　自然エネルギーについては二〇〇一年から本気で取り組んでいます。福島県では震災以前からさまざまな研究をしていたんですね。

**開沼**　国体の開催自体は佐藤さんが知事になる前から決まっていたことですか。

**佐藤**　そうですね。未来博は私が知事になった年に開催が決定したんだと思います。ちょうど経済的に厳しい時代になってきたので、なかなか手を挙げる県もなかったんです。

**開沼**　行政レベルでの博覧会をあえて手を挙げてやろうというのは、いまの時代では、あまりないですよね。

**佐藤**　ご存じのように博覧会はパリで最初に開催されました。歴史を見ると、博覧会というのはやはりインパクトのある催しですよね。博覧会から新しいものが次々と世に出ています。その時代の最先端を見てもらうものです。博覧会についてのそういった意義、ただ一過性のお祭りではない、未来を開いていくためにするんだという理念についてはさまざまなところで話をしてまわった記憶がありますね。

**開沼**　いただいたさまざまな資料を拝見すると、非常に理念を大事にされていますね。何枚にもわたる、図表を駆使した概念図、理想像が明確に打ち出されている。

**佐藤**　私がその時々で掲げた言葉は単なる思いつきではなくて、ひとつひとつに一貫した意味を持たせているんですよ。

二〇〇〇年一二月につくったテーマとして「うつくしま21」というのがあります。ネットワーク社会というのは、まさにピラミッド社会ではなくて、市民も県も市町村もすべて横でつながっているという意味ですね。例えば、うつくしま未来博でモデルケースとして実行したボランティアシステムがそれです。

ボランティアという制度は県の他の事業でも用いるようにしていきました。アクアマリンふくしまとか、フォレストパーク、男女共生センターでも市民ボランティア制度の活用を行っています。

フォレストパークでは「森の案内人」という制度があります。一〇年間で三〇〇人のボランティアが案内役をしたんですね。定年退職した方などを中心に、植生とかさまざまなことを一か月間勉強してもらうんです。そこでボランティアを経験した方が、いま県内各地にちらばってまた別の形でボランティアの活動をしています。アクアマリンふくしまでのボランティアシステムはアメリカのボランティアシステムです。休みの日に市役所の職員がボランティアでいろいろなことをする。ボストンの海洋博物館に行くと船を運転している人は、市役所の職員なんですね。休日にそうやってボランティアをして、さまざまな人との付き合いをするために来ていると言っていました。

**開沼**　面白い仕組みですね。国内のほかの自治体でそういったアメリカ型のボランティアの試みをやっているというのは調査したんですか。

**佐藤**　ぜんぜん。ボストンとボルティモアで見て、すぐにやったんです。未来博の前です、これをしたのは。その後のボランティアのシステムにも生かすことができたと思いますね。

認可外保育所への支援というのもやりましたが、これ

佐藤栄佐久氏のさまざまな資料

は福島県ではじめてやりました。子育て支援の体制がないんですが、「無認可保育所」と言われていた、例えば夜遅い時間帯のお仕事をなさっているお母さんがお子さんを預ける施設があるんです。認可がある幼稚園とか保育所というのは予算もつくんですが、そういう施設はまったく予算がつかなかったんです。それで「認可外保育所」と名称もかえて微々たる額ではありますが、援助を始めたんです。子育てがどうだこうだといっても、それを支援するような体制を作らないといけない。そういうわたしたちの気持ちが表れた政策ですね。

## 教育から変えていく

**開沼**　佐藤さんは教育についてもかなり積極的な取り組みをされてきたと思います。これまでのさまざまなお話のなかでも何度か出てきてはいますが、教育というのはこれからの地方の問題を考える上でもとりわけ重要だと思いますが、いかがでしょうか。

**佐藤**　開沼さんのおっしゃるとおりだと思います。

教育という点では、会津大学という県立の大学を作りました。ご存知のように、会津地方は明治以来たいへん冷遇されてきました。日新館というたいへんすばらしい教育機関を持っていたにもかかわらず、旧制の中学さえできなかった歴史もあり全く顧みられなかった。

**開沼**　戊辰戦争等の明治維新期の歴史もあるでしょうし、その後、郡山・福島という県の中心のラインと、いわきという港と炭鉱で栄えた地域に県の重心が置かれていったというところもあるでしょう。

**佐藤**　そういう中で会津に高等教育機関を置く、人材を作るシステムを作る、というのは、会津地方のひとつの夢だったわけです。

そこで前任の松平勇雄知事の夢だったということもあり私は就任してすぐに副知事や出納長なども話し合って、会津に大学を作ろうということにしたんです。これは、私が知事になってはじめに手がけた大きなプロジェクトのひとつですね。

大学を作るとすると、文系なら一二〇億、理系なら一八〇億円かかるという話でしたが、私は理系、なかでも情報科いわゆるＩＴの学校にしようと思ったんです。というのも、国会議員時代にこれからは情報の時代で、このままいくと情報系の研究者が日本ではたいへん不足をするであろう、といった話を会議などでも議論していたんです。その経験もあって、ＩＴの学校を作ろうと思ったわけです。

**開沼**　知事就任時にＩＴの人材不足が将来深刻になってくるという明確な認識があった。

**佐藤**　そうです。

それで実際すすめることになったんですが、当時、担当だった課長がたまたま会津出身だったんですね。彼が大学を作るに際して、ゼロから作るわけですから、アドバイスをいただけないかとお願いするためにまず東北大学に行ったわけです。ところが怒って帰ってきた。聞くと、二一世紀の大学を作ろうとしてお願いに行っているのに、一八・九世紀くらいの感覚でしかない、とこういうわけです。

**開沼**　旧態依然としたものがあったと。

**佐藤**　ヨーロッパで一番古いボローニャ大学やアメリカのバークレイ大学を視察し、あちらの先生方と懇談したことがありました。例えば、ボローニャ大学では民主主義という考え方を約一〇〇〇年前に大学の中で実践し、それを都市に展開していった。バークレイ大学では公平性や多様性を確保するために、例えば、自分の学校の卒業生でも一度外で力を発揮しないと教授になれないシステムをとっている。日本でそういった古い体質自体を変えていく拠点として大学をゼロから作るにはどうすればいいかということで真剣に考えていたわけです。

そんな中で、私と同年代くらいのコンピューターグラフィック国際学会の会長もしていた國井利泰さんという当時東京大学理学部の教授でITを専門とする先生にアドバイザーになっていただきました。國井さんも熱心にご協力下さる方でしたので、もうすべて國井さんにお任せしようということにしたのです。

まず、國井さんは「教員は外国人の教員でもいいですか」とおっしゃるわけです。日本ではITの優秀な研究者は企業にいってしまって、大学にはあまりいないんですね。

私は「そういうことならばぜひそうして下さい」とお答えした。ただ、その時点では、まあせいぜい二〜三割が外国人の先生になるという程度だと思っていたんです。しかし、結果として七割が外国人の先生になった。

**開沼**　何か理由があるんですか？

**佐藤**　本当にたまたまなんですが、当時は、ちょうどソ連のアカデミーが崩壊した時期に重なっていたんですね。それで、ソ連から優秀な先生方が三〇人も応募してくださって、そのうち一八人にきていただくことになったんです。国際的な学者としてミレンコフさんという方もいらっしゃいました。彼はいま博士課程の学科長をしています。ほかにもアメリカ・中国・インド・スリランカなど多岐にわたる国の先生が集まってきました。

結果的に語学の教育もきちんとすることになりました。一～二年生のときにネイティヴなみの英会話能力、そして論文も英語で書けるようにする。外国人の先生の中には、自然が多く研究にも専念できる、生活環境がいいということで会津に永住することを決めてくださっている方も多くいます。さらに言うと、会津大学はいまでも一〇〇%近い就職率を誇っているんですよ。

**開沼**　さきほど、大学から民主主義がはじまるということをおっしゃっていたかと思いますが、単純に「いい大学」や国に任せておけば民主主義がうまくいくんだ、というわけではない。

**佐藤**　もう、そのような発想だとただまずくなるだけですよね。

**開沼**　知事としての最初期のお仕事として会津大学を設立するという過程のなかで、そういったことを実感されたということなんですね。

**佐藤**　もちろん会津大学のいきさつだけで感じたというわけではありません。ひとつの例として印象に残ってはいます。

同時期ですが、その年の一二月あたりに、原子力の問題が起きたんです。それで、これは地方自治や地方分権というなかで一番大切な住民のことがまったく考えられていないと思いましたよね。

原発にとって一番の関係者は誰か。それはその立地の住民なんですよ。にもかかわらず、私が知事に就任して四か月目に、トラブルがあった。原発内で警報がなるような、通常は即座に報告しなければならないトラブルがあったのに、六日間も報告がなかった。六日目にようやく私のところに報告がきたわけです。まったくありえない話ですよ。

町長は隔靴掻痒といったけれども、まさにその通りです。一番安全に関する情報を必要としている住民が、一番ネグレクトされている。この話は一例にすぎませんが、中央とぶつかるようなひとつひとつの事例を経験するにつれ、大学問題も同じだし、役人のものの考え方も問題としては同じことだと感じましたね。

**開沼**　そういった「ものの考え方」が多くの問題、とりわけ地方がおかれている苦しい状況を変えていく上では大きな壁になっているかもしれません。その点で、地元で人材を育てるということの意義をどうお考えですか。

**佐藤**　さきほど出した安藤昌益の例をもう一度出して言いますが、私は安藤昌益を八戸に行ってはじめて知りました。安藤昌益という人物について、私がもっとも興味を惹かれたのは、「都市繁栄の地には正人出づること能はず」と言っているところです。

彼は鉱毒にやられた自分の母親の病気を治すことのできる人を探して、京都に行くんですが、それができる学者が京都にはいなかった。そして、次に江戸で学問するのですがここにも碌な学者がいない。さらに、当時、大きな都市だった八戸にも行って何年間か逗留するのですが、結局求めるような学者はいなかったんです。

それで、生まれ故郷の大館に戻って、社会運動を展開する。特に天明の飢饉のときには活躍しました。彼の墓のわきには天明の飢饉の碑も立っています。私にとって、一番響いてくるのは「道を志す者は都市、繁華の地にとどまるべからず」というような言葉にあらわれる彼の考えなんですね。だいたい私自身も、正直に言えば東京人にはなじめませんでしたね。地元に帰ってきたのはそのためか（笑）。琴線に触れるようなものがないわけですよね。田舎でしか立派な人は育たない、という言葉は、言葉は悪いけれども、最近の東京ではもやしみたいな人しか育てない、あるいは勉強ばかりしてきたような人しかいわゆる一流校に入れない、ということを連想させますね。すこし言い過ぎだろうか（笑）。しかし、私たちの学生時代は、東大であっても貧乏人ばかりでした。

**開沼**　東京で生活する身としてはなんとも耳が痛いお話ですね（笑）。しかし、一面的にはそういうこともいえるかもしれません。最近の若者は海外旅行に行きたがらないとか、車の免許を取らないとか、あえて言うなら、外に向いた姿勢が昔に比べたら欠如しているという言い方もできるかもしれません。大学の授業に必ず出席するとか。まあ、これはいいことなのかも知れませんが……（笑）。

しかし、佐藤さんのそういったお考えは、会津大学を軸に新しい「ものの考え方」をする人間を作っていこうとしたというお話ともまさにつながってくることですね。

**佐藤** 考え方としてはそうですね。

わたしが東大を出て、一年でも二年でも中央の官庁あたりで勤めていたら、いままで知事としてやってきたようなことはやらなかったと思います。そうでなかったからこそ、独自の視点というか、悪く言うと斜に構えたような部分があって、素直におかしいものをおかしいのではないかと思えるところがあったのかもしれません。

**開沼** 一方で大学時代に授業やゼミで接した先生方からの影響は大きかったともご著書などでおっしゃっていますね。

**佐藤** 私は昭和三三年に大学に入学しました。その当時の先生方は、独裁政治下のどうしようもない状況を、知っているし感じてきた人たちですから、みんな非常に民主的でしたね。そういう雰囲気を感じながら勉強をしていました。その経験は大きかったです

でも、大学時代に、私にとって一番意味があったのは、岩波茂雄の伝記を読んで藤村操の言葉と出会い、それをきっかけに一年間本を読みふけってすごしたことだとも思っています。本を読んだり、色々な行ったことないところに行ったり、自分自身を振り返る機会となりました。

同じようなことで言えば国会議員になろうとはじめて選挙に出たとき、落選して浪人生活をしました。この時は、同じ福島県選出の自民党の伊東正義さんや斉藤邦吉さんについたりもしながら支持者の方のところをまわりました。県内の隅々をまわることで、どこに何があるのか、どこでどんな人が、どういったことを政治に望んでいるのか、肌身にしみて感じる機会となりました。

**開沼**　だから佐藤さんは福島県のことを何でもご存知なんですね。合点がいきました。

**佐藤**　観光案内させたら誰にも負けませんよ（笑）。「ネモトシャクナゲ」がどこで見れるかまで知っている人はほとんどいないと思います。

しかし、そういうさまざまなところを動き回ったり、じっくり考えたりする時間が人を育てるということはあると思っています。いまの教育の問題は本当に真剣に考えないといけない。小学生から夜中まで塾とか予備校にいってる人しかいい大学に入れないというのはやっぱりどうなんですかね。受験勉強というのは技術ですから。そういう技術の訓練を受けている人しかいい大学に入れず、役所にも入れないということになれば日本の劣化は明らかですね（笑）。法律とマニュアルでしか動けない人ばかり。それでは、新しいものもでてこない。ダメになりますよ。

**開沼**　マニュアルでしか動けない人が増えれば、マニュアルに書いてないことには対応できない……。

**佐藤**　おっしゃるとおりです。

**開沼**　さきほども少しふれましたが、最近の大学の状況で言えば、「学生がまじめに授業に出すぎている」とよく聞きます。

かつては「大学がレジャーランド化している」なんて揶揄されることもありました。大学生は、バイトしたり旅行したりでそれこそ一年くらいの留年はご愛嬌で、好きなことを一生懸命やるような雰囲気のある場所であったと。それが行き過ぎるのは問題ですが、しかしいまは、少しでも教員が休講にしたら授業数が足りないと保護者からクレームがくるような状況があるとも言う。カリキュラムもびっちり決められている。こうなると総合教育の場ではなくて、もはや高校の延長でしかない。就職するための学校のようなものになっている。佐藤さんがおっしゃっているような、経験や人間を育てるといった部分はなくなってしまう。

**佐藤**　どうしようもないですね。

他国では、制度として大学を出て、何年か社会に出てからまた大学院に戻ってくる、といったことも多いですね。そうやって、多様な経験を持った人間が大学に出入りするような環境作りを意識的にやっている。規格化された教育では本当にどうしようもなくなります。例えば、さきほど言ったように華厳の滝から飛び降りて自殺した藤村操の「人生不可解なり」に衝撃をうけた岩波書店創業者の岩波茂雄が野尻湖畔にこもって死について考え、留年したという話があります。そのような人間の幅をひろげるような経験を若いうちにつまないといけないと思いますね。

一方で、教育環境についての問題で言えば、勉強をしたいのに勉強ができないということがあるのは絶対にいけないと思っています。経済的な理由、あるいは、地理的な理由で勉強したいのにできないというような状況を政治や行政はなくしていかなくてはならない。

**開沼**　それはそのとおりだと思います。

**佐藤**　実は知事のときに、県の教育を見渡してみた際に、南会津地方はあまり勉強が盛んではない地方だったんです。そこで、担当職員に「なにか対策を考えてほしい」と言ったんです。なぜそういうふうに言ったか。昔、伊南村というところに行ったときに小学生とご飯を食べながら話をしたことがあるんです。それから時間がたって、今度は南会津の高校に行って生徒と話をする機会があった。そのときに、かつて話した小学生がいたんですね。

その人が、そのあと「南会津には医者がいないから県立医大に行って医者になろうと思います」という手紙をくれたんです。南会津には医者がいないんです。医者になるような人は会津高校にいくんです。お金があってそういうことができる人はいいですが、通学も大変だし、下宿したりするのももっと大変。結果として、その人は県立医大は入れなかった。でも国立大学の法学部に入ったんですね。与えられた環境の中でできる限りの努力をしたんでしょう。南会津から大学に進学するというのはすごいことなんです。そういうことがあって、これは私たちの、政治や行政の責任だなと思ったんです。志も能力もある若者が、それをかなえることが環境によってできないわけですから。

それで対策を考えて南会津郡でインターネットをつかった教育を試しにやろうということになった。それから一年くらいたったら、その地域から全国で一番という学生が出たんです。みんな能力は同じようにある。環境が大切なんですよね。まあ、こういったことをやると教育委員会は嫌がりますけどね（笑）。

**開沼**　県民に近い政治ということを、佐藤さんはおっしゃっていますが、いまのお話など非常に象徴的ですね。私はいまも県内を色々な立場の方にインタビューしながらまわっていますが「家の近くに栄佐久さんが来たことがある」なんていうエピソードがたまに出たりします。それが教育政策にもつながっていっていたと。

**佐藤**　教育問題でいうと、Jヴィレッジ(25)をつくってから、日本代表監督に就任したフィリップ・トルシエ(26)が来て懇談しました。そうしたら「このあたりに学校はあるか」と聞くんです。

**開沼**　学校ですか？

**佐藤**　そうです。それで近くに富岡高校があると言ったんです。すると、トルシエは、サッカー選手もまず人間として立派でないといけないというんですね。午前中は勉強して、午後からサッカーをやるが、まず人間性を育てなければならない。教育の制度とサッカーはセットだという。南米と欧州のサッカーに対する考え方の違いも知りましたし、やはり一流の指導者は素晴らしいと思いましたね。それで、日本サッカー協会の川淵三郎さんと話をしていましたら、来年の四月から、Jヴィレッジで育成する若いサッカー選手のために中学と高校の受け入れ体制を作ってくれというんですね。もし、役所が企画してそういうことをするとなるとお役所仕事で三〜四年かかるわけです（笑）。しかし、それは日本サッカー協会からの話ですぐに具体的な枠組みができた。

結局、川淵さんが言うとおりの体制を一年半後に作ったんです。もちろん、企画にとどまらず彼らは徹底的に支援してくれましたね。

富岡高校の校長先生は養護学校出身の女性の先生だったんです。反対も少なからずあったんですが、寮をつくって全国から学生を集めるのに、体の不自由な学生さんに対して熱心に教育してきた方ですから、この先生が絶対にいいと言って、やっていただきました。

**開沼**　「強者の論理」から「共生の論理」へというのも、佐藤栄佐久県政のキーワードとしてあります。競争、経済の論理では地方の産業や社会基盤が終わってしまう。そういった大きな話の延長で競争も捉えていくということですか。

**佐藤**　「人と人との共生」ですね。男女共学の例をとっても、私は私学ならば、男女別学でぜんぜんいいと思っています。それぞれのジェンダーにそった教育をしようと考える方もいるでしょう。しかし、公立学校については、男女共学にしないといけないと思うんですね。

例えば、女子高と男子校とで教育のレベルが異なる、あるいは異なっていてもいいというようなことはいけないと思うんですね。少なくとも、希望する進路によりますが、その地域で行ける公立学校の選択肢は限られているわけです。そこで偏りが生じる仕組みはなくすべきです。女子高でおしとやかに育てるなんていうのは、もはや時代の要請にないわけですよ。

**開沼**　たいへん失礼ですが、佐藤さんの世代でそういう発想を持つというのはどちらかというとむずかしいことだと思います。どんな反応がありましたか?

**佐藤**　福島県は女性問題に関しては、安倍幹事長の時代に大変にいじめられたんです。いわゆる「バックラッシュ」の頃ですね。自民党には、戦前のようなものの考え方をしている議員がまだまだたくさんいますから。

私は、下村満子[27]さんや猪口邦子[28]さん、そして片山善博[29]さんとビックパレットふくしまでバックラッシュに反対するシンポジウムを開いたことがあります。攻めてきたバックラッシュの波をしっかりと受け止めようと思っていた。

**開沼**　一九九四年から二〇〇三年にかけて二二校あった別学の公立高校をすべて共学にする。その時に教育の現場や地域からの反発の声もあったでしょうね。

**佐藤**　ありました。予想はしていましたが。ＯＢやＯＧ、あるいは県議会議員なんかも含めていろいろやっていましたけど、丁寧に説明をしました。それでも、男女共学反対の全面広告を新聞にうたれたりしましたね。私の出身高校のＯＢなんかが反対の中心でした。

**開沼**　新聞広告ですか？

**佐藤**　そうです。すごいでしょう。でも、新しい考え方を支持するという声も非常に大きかったのは事実です。そういった状況を踏まえて判断したのならば、こういうのは、物事を変える立場にある知事が決心することが大切なんです。

## 農業問題があきらかにすること

**開沼**　知事の決心といえば、さきほどから、いくつか具体的な事例をお話いただいていますが、就任時からの環境政策には大きな決心、リーダーシップがあったと思います。

一九九七年頃の知事講話――県の職員向けに話をしたものですが――を起こした資料を見ていたら、知事に就任した頃は「東京の土地を一坪売れば、こちらの土地をひと山買えるからリゾート開発を進める東京資本に猪苗代周辺を買いあらされてしまうのではないかという懸念があった」という旨のお話をされていました。そういう時々の空気の中での決心もあったわけですね。

**佐藤**　その時から状況は大きく変わりましたが、やはり福島県にとって森林は重要ですね。森林という捉え方をしておかないといけないんです。いま、一部の森が中国に買い占められているようですけれども、これは水の問題とも絡んできます。中国は水の問題から日本の森を買っているところもある。

国と自然との関係には大きな意味があります。森林を育てることが大切です。農業や漁業にとっても水が大切ですからね。ラムサール条約(30)で湿地帯を守っているのも水の問題が絡んでいます。

「森・川・海」という自然が用意した水の流れをどう守っていくか。ここを軸にすえると、そのなかで行う農業ということにも非常に大きな意味が出てくる。

水をどのように大切に使っていくか。そのことにもっと意識的でなければなりません。福島県で言うと、さきほどお話した茂庭ダムは二〇〇〇億円で作ったダムです。その茂庭ダムの二〇倍の貯水を猪苗代湖は誇っているんです。金額で単純には比較できないですが、猪苗代湖は四〇兆円のダムがあることと同じです。

**開沼** そういう発想はあまり持ったことがないですね。

**佐藤** 「森・川・海」の「循環の理念」ということを私は言っています。森がダメになると、宮城県の気仙沼あたりで実際にそういうことがありましたが、海の産物がダメになるんです。ですから、「全国豊かな海づくり大会」という催しに天皇陛下にきていただき、「全国育樹祭」に皇太子殿下にきていただき、裏磐梯で開催した「自然公園大会」には常陸宮殿下にきていただいて、かなり意識的に「森・川・海」の水の循環の問題を一〇年くらいかけて「うつくしま未来博」もふくめてやっていました。

結果として、多くの人が意識し理解してくださるようになった。そういった理念のなかで、農業や漁業、そして林業ということを可能な限り守り、育んでいく。

**開沼** 「環境を守る」と言えば、たしかに小ぎれいにはなるけれど、費用だけかかって具体的なリターンがないじゃないか、理念先行ではないかというような捉え方をする方もいるかもしれません。しかし、ただの理念ではない。まさに厳しい状態にある農業・漁業・林業を守ることにつながる。そういうことですね。

**佐藤**　そうなんです。林業については、森林環境税という税金をつくりました。福島県は一戸あたり一〇〇〇円ほどいただいています。基本的な理念としては、森林からはじまって、日本の昔からある田舎の底流にあるものを大切にしていこうということですね。そうしないと日本も成り立たなくなります。その税は森林組合に流れ集落の維持にもつながっています。同時期に産廃税も作りましたが、やはり環境は資源だ、環境は未来からの信託だという認識を強くしていくことが将来の福島の財産だと考えていました。景観の問題もそうですけどね。

**開沼**　例えば、二〇一一年TPPの問題に焦点があたりました。震災で少し結論がのびましたけど、日本の農業は補助金をもらいすぎているし、産業として瓦解しているという議論になっていますね。佐藤さんは将来的に、第一次産業を国内でやっていこうとする時にどのような考えをお持ちですか。

**佐藤**　私はTPPに関しては、その地域が崩壊しないような形で実現ができるのならばいいと思います。ただTPPをすることで、ある地域なり産業なりが崩壊するのであれば、これは納得できません。あたりまえです。

先にも述べたとおり、TPPがフェアな仕組みであると言うときに、フェアとはなにかという問題がある。フェアというのは誰でも参加できる、そして同じ競争条件のもとで戦えるということです。

前に出した只見町の雪かきの例をもう少し詳しく述べましょう。只見町は冬場一晩で三メートルくらい雪が積もる。只見町の場合はお年寄り一人暮らしが多いんですね。ある道を入っていくと一戸一人暮らしのお年寄りが住んでいる、別な道の先にもまた一戸ある。そのひとつひとつの道の雪かきを毎日やらないといけないわけです。そうすると、一戸ごとあると冬場はコストがかかるから、町のなかの一か所に建物をつくってそこにみなさんを集めて暮らすようにしたらいいだろう、といったような考え方が国の役所からは出てきます。

**開沼**　簡単に言いますね。国が言いそうな話ですが（笑）。

**佐藤**　まったくです。例えば、ここを大手の建設会社さんにお任せします、としたらどうか。大手の建設会社さんが只見町に支店を置いて、朝の三時から除雪をするかといったらしないわけですよ。コストがあわない。にもかかわらずフェアということで対応してしまうと、大手の建設会社しか残らない。只見町の建設会社さんは競争で負けてしまいます。社会福祉事業の色合いが濃くなりますが、只見町に建設会社が一つでもあると、そこで、深夜から待機して毎日、除雪に行ってくれる。たいへんなコストがかかりますが、その村を守るためには必要なことです。この地域に建設会社が一つあるかどうかというのは、その地域にとって死活問題とも言うべき非常に大切なことなんです。

こういうことをどう調整していくか、非常に大変ですしむずかしいですが、基本的に一戸でもそこに人が生活しているところをどう大切にしていくかという考え方が重要だと思います。簡単に町のなかに連れてきて、冬場だけここにおけばいいという問題ではないんです。経済的な要因で考えるのか、人間中心で考えるのか、バランスはとらないといけませんが、そういう感覚がなくなってしまっている東京の感覚だけでは、いずれ東京はダメになると思います。

**開沼** そこに生活する人の感覚からはじめるということですね。

そういった意味では、福島県の状況は分かりませんが、最近、若者で農業をやりたいと言って過疎地に入るという人も出てきています。

**佐藤** やり方次第では、遊休農地も多いですから、資本を少し集めてやろうという場合にはうまくいく可能性もあるかと思います。採算がとれるようになるためには、ある程度、大規模化する必要があるでしょう。

いろんな面で、都会で苦労するよりは健全な生活が間違いなく送れますね（笑）。

**開沼** 制度上、農地の売買というのは、自由にはできない状況があります。例えば、私が福島県で農家をはじめたいとしても、すぐに農地を譲り受けて、すぐに専業農家に転身するということはできないわけですよね。

**佐藤** そうですね。いろいろと規制があります。ただ、そういった中であっても、農林省の官僚が役所を辞めて、二本松市で農業したりという話は私の身近なところでもでてきています。

**開沼** 現在の高齢者に支えられている農業がこれからどう変容していくのかは先行きの見えないところがありますね。例えば、佐藤さんの一〇年ほど前の発言が載った資料を見ていたときに、ドイツと日本は三〇年ほど前、食料自給率がどちらも六〇％だったのが、ドイツは一〇〇％近くに持ち直した、日本は四〇%に下がったとおっしゃっていました。

この数字を見ると、日本も変わりようはあったはずだと思う一方、しかし、これからどうすればいいのだろうかとも考えてしまう。四〇%からV字回復するというのはなかなかむずかしいと思いますが。

**佐藤** 大企業が参入できるような体制が、本格的になってくればそういった可能性もあるかもしれません。しかし、現状では大きな農地があまりないですから、アメリカなみというのはむずかしいでしょう。しかし、民間を含めて、さまざまな取り組みのなかから変わっていく可能性は大きい。農業自体のあり方も、少しずつですが、農業中心の地方という像から変わってきていると は思いますね。

## 小選挙区制の問題点を考える

**開沼** なるほど。そういった点では農業中心の地方が変わる中で政治も変化していっている状況があるでしょう。

少し観点を変えますが、小選挙区制については、非常に批判的に捉えていらっしゃいますね。地方に多様な意見があるのに、小選挙区制になって二大政党制を目指す中で、その多様さが失われていってしまうと。

**佐藤**　前にもお話しましたように、私は小選挙区制はそもそも憲法改正を目指して行われたものだと思っています。そういう目的があったのに、いざ二大政党制になったら、民主党は結局、自民党と同じようなことをやっている。むしろ、自民党以上に官僚のコントロールもできない、どうしようもない政治の情勢になってしまったようにも見える。

原発についての議論をとっても、かつては自民党が推進すれば、社会党は反対するという緊張関係があったが、いまとなっては反原発は社民党と共産党しかないような状況です。それで三月一一日にいたった。

これを見ると、小選挙区制というのは日本の不幸だったと思います。小沢一郎さんの功罪はありますが、彼は憲法改正と将来の道州制実現をめざしていたのかも知れませんが、これは大変な問題を残してしまったな、と感じます。

**開沼**　小選挙区制になっていなければ、原発の話はもちろんそうでしょうけれども、もうちょっといまの状況というのは違っていたかもしれない。

**佐藤**　そうだね。アメリカの真似をしたのかどうかは分かりませんが、二大政党制は日本においては非常にひどい状況になっていますね。

原発のような大きな問題でさえ、政治的な論点が見えてこないような状況です。菅さんが脱原発と言っていましたが、原子力ムラの怒りをかったのか、総理をやめさせられました。民主党のほかの人たちは、電力労組の関係があるからかどうかわかりませんが、原発に対する考え方があまり明確には伝わってこないですね。

一九九〇年ごろ、まさに小選挙区制が議論されていた時ですが、朝日新聞のシンポジウムに呼ばれて小選挙区制の是非を問われることがありました。その時、他の登壇者がみんな揃いも揃って小選挙区制賛成といっている中で、私が一人で小選挙区制反対と言って驚かれたことがありました。

**開沼** なるほど。当時は、一方に、五五年体制があまりにも固定化し、ずっと自民党が政権にある状況をどうにかしないと日本は変わらないという雰囲気があり、他方に金権政治批判、つまり、例えば中選挙区制だと選挙区が広く有権者も多いから細かく地域を回る必要がでて、そうすると時間が掛かって政治家が政策の勉強をする時間がないし、それだけならまだしも「金がかかる選挙」になってしまうという話が出てきていたわけですね。

確かにそれはそうだが、だからと言って小選挙区制にすれば全部問題解決かというとそう簡単な話ではない。むしろ、よくない形での二項対立構造ができてしまった。

**佐藤** その通りです。

小選挙区制がいいだろうと野党側の方々が考えたのは勿論、例えば官僚出身の政治家である伊東正義先生も後藤田正晴[31]先生もそうですが、戦前の英国政治を学んでいる人にとっても魅力的に映ったようで、その当時は自民党内の保守政治家の多くも賛成していました。たしかに彼らの考え方の妥当性というのはありました。

しかし私が見るに、例えば福島県では、選挙では自民党が圧倒的に強かったわけで、小選挙区にすれば野党がいなくなってしまうのではないかと思った。さらに言えば、これでは議会が一つの政党で塗りつぶされてしまうのではあっちか、こっちかと、二者択一で有権者が動くことによって、農家も商店街も、お前は田舎としては耐えられない状況が生まれかねない。これは都会の人にはわからないことかもしれません。

**開沼**　多様な意見がすくわれる形ではなくなってしまったんですね。聞こえのいい話で人が二分されることになる。それが地元のコミュニティを壊しかねない。

**佐藤**　歴史を見ると、小選挙区制を言い出しながら、自分の選挙区の形を自分に有利なように変えるような動きも何度かありました。

これを「ゲリマンダー」と言います。アメリカのゲリーという政治家が選挙区の形を自分に有利に変えてしまった。その形がサラマンダーに似ているということで、「ゲリマンダー」と揶揄されるようになった。

日本だと、小選挙区にする、それによって憲法改正するということを打ち出して鳩山一郎さんと田中角栄さんが動いた時に、それぞれハトマンダー、カクマンダーと言われ、結局実現しなかったんですね。

**開沼**　それでも小選挙区がいいんではないかと……。

**佐藤**　普段だったら与党批判にまわることが多い朝日新聞のようなメディアも含めて動いていま

したね。

**開沼**　なるほど。多様性が失われている状況の中で多様性が失われる制度が選ばれていったということが非常に象徴的ですね。

五五年体制下ではずっと自民党の一党支配でその弊害があったという話があり、それはそれで事実ではありますが、ある面で内部での多様性というものが確保されていた。そう見たときに、政治体制がより悪くなる制度変更だったと考えてらっしゃるわけですね。

**佐藤**　そうです。政治学者ではないので、それがいいかどうかは別ですが、五五年体制下の自民党は右から左までぶれ幅は大きかったですね。

当時で言えば、一番右は中曽根さんでしょうか。それから福田派、田中派、宏池会、三木派の順ですね。うまくぶれてましたね。一方がダメになれば、もう一方にというかたちで。悪い点もあったでしょうが、うまく機能してきましたね。

**開沼**　勉強になる話です。

## 地方と中央の問題をあらためて考える

**開沼**　多様性の確保を第一の価値観としてすえる。ここまでのお話でその趣旨はよく伝わってきました。それがこれまでの問題への処方箋であり、これからの社会を考える上でも重要なポイントとなると私も思います。その上で、そろそろ、あらためて今回のお話の核心に迫っていきたいと思います。

**佐藤** 地方と中央の話ですか？

**開沼** はい。少し私の考えをお話させてください。

私は『「フクシマ」論』の中で、この地方と中央の関係の中で固定化された価値観が、ある面で経済成長を支えてきたが、しかし、現在明らかになってきた社会問題の多くの根源にあるということを指摘しました。地方と中央という非対称な構造の中で作られる画一化の圧力をいかに跳ね返すべきか。どう考えるべきか。すぐに答えはでない大きな課題かと思います。

**佐藤** 開沼さんは「植民地」という言葉を使いながらその点を考えていらっしゃいますね。

**開沼** そうですね。ポスト・コロニアリズム(32)という考え方を使っています。

**佐藤** そういった意味では、地方と中央という関係が、さきほども言いましたとおり、福島と東京はもちろん、福島の中、あるいは東北地方のなかにもある。

**開沼** 国境を越えて、途上国と先進国の間にもできます。

道州制の弊害という話もありましたが、東北地方でいうと、この「地方と中央」の問題について、いかがでしょうか。

**佐藤** 東北における仙台というところは、どうしようもない感覚を持っているんですよ。福島県でなにかを決めるときには、会津・福島・郡山・いわきといった形でそれぞれの地域で話し合いをして意見をまとめないといけないわけです。でも仙台は宮城のなかのことを好きに決められるわけです。宮城の中では仙台にあらゆるものが一極集中している。

**開沼**　北海道の中の札幌もそうですね。

**佐藤**　仙台の場合は、自県のみならず、東北地方全体に対してもそういう感覚を持っているからよりやっかいです。

知事時代に東北電力との付き合いもありましたがそういう意識を強く感じました。知事に就任した年、年始のあいさつに東北電力の副社長がくるからと職員が言うので、副知事があえばいいと言ったんです。これまではどうやら知事があっていた。また、別のある会合で社長にあったら「福島県では新幹線を降りたことがなかった」と私に堂々と言うわけです。こちらは東北電力の発電所立地地域でもありますし、東北電力浪江・小高原発の建設計画というのもあるわけです。自分は東北の統治者だとでもいうような意識があるのではないか、と思わざるをえない。

私は仙台を「巨大なる田舎」と呼んでいますけれど（笑）。

**開沼**　まさに、そのようなどちらが支配する側になり、どちらが服従する側になるかという「上を取り合うようなゲーム」が入れ子構造の中で拡大していく。東北の中でも、そのような「地方と中央」の関係性ができていってしまっている。そのことが問題の傷口を広げている。

**佐藤**　私の政治活動の原点にあるのが「東北からひかりを」という言葉なんです。

私が青年会議所の東北地区会長になるときの所信でもあるのですが、もとになったのが「東北にひかりを」というその当時の東北の経済会のテーマだったんですね。東北新幹線のひかり号を東北にも持ってきてほしいということです。それを逆転させて「東北からひかりを」ということを私は言ったんです。

**開沼**　それは面白いですね。

**佐藤**　二一世紀は東北の時代だという意味を込めたんです。福島県知事になったときにも「福島からひかりを」ということを言いましたが、自分から光を発するということの重要性を言ったんです。

**開沼**　中央から光を当ててもらうんではない。地方の側から自分の姿を明らかにしていく。

**佐藤**　東北大学の高橋富雄先生という方がいまして、福島県立博物館の館長もやっていただいた方ですが、縄文時代は東北地方は独自の文化を持っていたというようなことをおっしゃっている。これはすばらしい考え方だなと思います。

万葉集や古事記には大和朝廷に対する恨み節みたいなものがありますけど、日本書紀になるともうなくなってしまう。でも、そういった縄文時代の地方の文化のすばらしさというものがある。まあ、結局、阿弖流為《あてるい》[33]も高野長英[34]も小沢一郎も私もやられましたが（笑）。

それは冗談だとしても、東北地方のそういった古い歴史や文化を掘り起こして、再評価する。そういったことはとても大切だと思うんです。

**開沼**　おっしゃるとおりですね。「中央の論理」の箱の中に入っていくら暴れても逃げられない状態にされる前に、「地方の論理」を作っていく。

**佐藤**　まさに「地方の論理」ですね。

愛知万博のフランス館で「選択の自由から変える自由」という言葉を目にしました。霞ヶ関との関係でかつては地方自治体には「選択の自由」がほとんどありませんでしたが、少し地方分権もすすんでいまでは「選択の自由」ができてきました。しかし、これからは「選択の自由」から私たち自身が自ら知恵を絞って政策を作って変わっていくこと、これが「変わる自由」「変える自由」ですが、それこそがもっとも大切なテーマだと考えています。

いまの流れがよいわけではないですが、ある面で政治が動きやすいいまの時期に、「選択の自由」にとどまることなく最終的には「変える自由」まで自分たちでやっていく。

経産省は、地方の開発計画や振興計画について、「はい、メニューがあります。この一〇個のなかから好きなものを選んでください」と言うわけです。この地域は古い町並みを残す政策で成功しています、こちらはほかの政策で成功しています、といった形でいくつかモデルケースを提示して、このなかから選べば補助金をつけます、とこう言うんですね。

**開沼**　それはすごいお話ですね。地方の側もそれに依存した部分もあったでしょう。

**佐藤**　ウソみたいな話でしょうけど、本当ですよ。要するに「選択の自由」を一定程度認めてはいるという態度表明ですよ。結局は国の提示したモデルを押し付けている。

しかし、これからの時代は違う。「変える自由」「変わる自由」、これが必要なんですよね。こんなことは国会議員時代によく見てきました。あっちの地域で成功したからといって、こっちの地域でも成功する保証なんてない。

**開沼**　あたりまえの話です。

**佐藤**　しかし、自分たちで創造するとか、思考するとか、変わっていくという発想がないんです。むしろ、そんなことを地方でしてはいけないという考え方なんですよね。まさに「中央の論理」にのまれている。

私が言うことは、中央官庁から見ると生意気なことを言っていると思われたでしょう。しかし、恐れずにそういう姿勢をとることが必要だと思います。私はそれが可能なことだと思います。なにより地元のことを自主的に考えていくということに県の職員はついてきてくれましたから。職員も自分たちの県をよくしようと、ある意味、楽しみながらやれる。ですから、国とぶつかるときには国ときちんとぶつかっていくことができましたよね。

**開沼**　なるほど。

その考え方をより広げていこうとすると、例えば「闘う知事会」もはじめは霞ヶ関ではなくて、自分たちが主導でという雰囲気であった。しかし、少しずつ霞ヶ関に呑まれてしまい頓挫した。どうしてそういうふうになってしまうんでしょうか。

**佐藤**　それはいろいろな要因がありますが、大きな問題として、地方交付税があります。知事会では、税源移譲してくれればいまの補助金よりも少ない金額でやるという方針だったんです。国から地方への補助金、つまり国庫補助負担金のなかで大きなものが教育関係のものなんです。特に義務教育関係ですね。そこで、税源移譲の最初の議題のうちのひとつがこの文科省関係の補助金だった。もちろん、文科省は面白くないわけですよ。利権のひとつがなくなってしまうわけですから。そこで文科省が提案してきたのが「総額裁量制」という案です。補助金というのは使い道が細かく決められているんです。それを自由に使えるようにしますという案ですね。

**開沼** 財源移譲ではなく、使い道の自由度をあげるからいいだろうということですか。

**佐藤** そのとおりです。要するに財源移譲はしたくないから、代替案としてこういうことを言ってくる。文科省はどうしようもない、一番しつこい役所なんです。「総額裁量制」は一見すると、文科省の予算を自由に使えるからいいように思える。しかし、これは官僚の浅知恵ですよ。こういう言葉にのせられてはいけないんです。

**開沼** うまく相手をのみこんでしまおうという、まさに中央の発想ですよね。

**佐藤** しかし、この「総額裁量制」に対して、当時の片山善博委員長が財源調整問題研究会でいいんじゃないかと急に言いだした。私は、これはちょっと違うんじゃないかと思ったね。

そもそもこの半年前に本気で改革するということが知事会で決まっているわけです。それに対して、文科省が自分たちの都合のいいことを言ってきている。これを受けては、やられてしまう。もちろん、役人の浅知恵だかなんだか分かりませんが、この提案を受ければ権利の半分くらいは獲得できたかもしれません。そういう意味では手を打つのもひとつの手段だったかもしれませんが、私は本気で改革すると言っていた人たちが、こうやって根回しされて、急に別のことを言いはじめるのは許せなかった。それでおかしいだろうと言ったんです。

結局は、侃々諤々の議論になってもとの方針をつらぬくということになったんです。もちろん、このあと国からはものすごい反動がありましたけどね。

**開沼**　脆弱な部分から懐柔され、分断される。霞ヶ関が用意する「選択の自由」のほうが楽なのかなというような状況になってしまいますよね。

**佐藤**　自由にやらせればいいと思うんですよ。選択肢に補助金付けるようなやり方ではなくてね。それは原子力の電源三法交付金にしても同じですよ。

各省庁でここから予算を獲得するというのが、彼らの基本的な行動様式なんです。まさに縦割りです。必要があるかないかなんていうことは重要じゃない。電源三法交付金を、自由に双葉町とかで世代間の共生のためにということで蓄えておいてもいいわけですよ、本当は。

それは、実際は全部、各省庁のひも付きでおりてくるんですから。それも基本的にハード面のひも付きです。まあ、私が辞任する少し前くらいから、少々のソフト面も認められるようになりましたけれども。

**開沼**　非常に素朴な疑問なんですが、なぜ中央は地方に自由に動かれると困るんでしょうか。やはり、地方が中央とはまったく違う論理で自由に動くと、縦割りの領域を侵犯されるということが問題ということなのでしょうか？

**佐藤**　例えば、農道と県道と林道がありますね。農水省と建設省と林野庁。三つの道路があるわけです。これをそれぞれ別々に町に要求させる。ある町からある町に行くために三つのルートの道路を通すような計画になるわけです。これは、実際に、会津若松市と柳津町であって問題提起しました。

そういうかたちで、それぞれの道路が必要だと町に陳情をさせる。国が決めるのではなくて、町から要求されているものに予算をつける。予算をつける先に林道関係の会社があるかもしれないし、あるいはそれに連なっている特殊法人のようなものもあるかもしれない。県道だったら建設省につながっている機構がある。ですから、三つそれぞれ要求されないと困っちゃうんですよ。一本の道にすると困る。なんで三本必要なのか。一つ作ればいいんですよ。しかし、これは役所にとっては困る。

例えば、林野庁が一〇年かけて予算を組んできたところに、突然、県知事がやってきて一本にまとめてしまう、っていうのは林野庁にとってはものすごく困る。住民にとっては道は作るわけですからそんなに困らない。もちろん少し遠回りしなくてはいけない地区はできるかもしれませんが、むしろ、そんな予算を使って作る方が私は問題だと思うんです。しかし、国交省の立場からするとそんなことでどうする、というわけですね。そんなことが行われたら彼らの天下り先もなくなるわけですからね。こういった縦割りの構造が、電源三法交付金にも組み込まれている。

**開沼**　権限をいろんなところで使っている状況というのは、日本が発展していくうえで、はじめのうちはメリットがあるからそういうふうになっていたんですよね。

それがいまになって、そういうデメリットになってしまっている。この点これからどう改善していけばいいでしょうか。

**佐藤** 組織というものはあれば時間の経過と共に肥大化していくんです。だから、明治時代からの役所が、それぞれの縄張りをどのようにして守っていくかということに一生懸命になっている。

例えば、それを元経産省の古賀茂明さんみたいに天下り先をなくすべく、そういった仕組みをできるだけ改革しようと思って動いた途端に、足場が悪くなったり、居場所がなくなったりするんです。残念ながら、こういった役所の論理をどう崩すかというのは、非常にむずかしい。政治家が考えをもって、古賀さんのような人を選んで、やろうとしても、結果的には古賀さんが犠牲になるような状況になってしまうわけです。ですから、よっぽど政権が強いときに、そういった状況をよくよく分かっている人が役人を巻き込んで、いくらか役人の言うことを聞かないといけないでしょうけど、やっていくしかない。

ただ、今度の原発の問題なんかは、実際にこういう事態が起きているわけですから、私はこれを契機に原発のもっとも大事な「自主・民主・公開」というテーマに戻るのでは、と期待していたんですが、真っ先に海江田さんが「原発やります」とこう言ったわけですよね。

**開沼** 野田政権でも「脱原子力依存に向けた」と言いながら「原発再稼動」という方針を真っ先にだしました。

**佐藤**　これはもう経産省の意向だと考えざるをえない。マスコミで報道はされていませんが、経産省の幹部クラスは事故が起こっても長い間、現場には入っていないんですよ。見てない。もう本当にどうしようもない組織が中央にはあるんです。

何度も同じ話を言いますが、海水の注入を五五分間止めたという問題にしても、菅さんは四日間も予算委員会で言い訳をしている。リーダーたるもの一回言い訳したらおしまいですよ。結局、原子力保安院は止めろと言ったけど、実際は海水注入は現場の判断で止めてなかった、なんてことを言いはじめる。これは、また、保安院にやられてしまったわけです。少なくとも、経産省の意に沿わないことに関しては、菅さんが脱原発といった途端にめちゃくちゃやられる。

**開沼**　今回の原発事故が象徴的ですけれども、地方に依存しないと東京あるいは日本そのものが成り立たないという状況があるにもかかわらず、あたかも東京だけが日本を引っ張っているといった雰囲気ができてしまっている。

佐藤栄佐久県政では、「二一世紀は福島の時代」とか「「ヒューマンスケール」の都市づくり」といったこともおっしゃっていたと思いますが、中央ではなくて地方から日本を作っていくんだという発想はどこからきているんですか。

**佐藤**　これは電力とも関係します。

まず江戸時代からの常磐炭鉱があります。そして明治時代からの猪苗代水力発電。猪苗代に第一、第二、第三と発電所がありますが、第二は大正三・四年に完成している。猪苗代幹線という猪苗代を横切る巨大な送電線が作られるんです。それで東京の銀座の柳通りの電灯は猪苗代で発電された電力で点いていたという話です。ちなみに当時の電車は新潟で作られた電気で動いていた。

その猪苗代第二発電所に「300、29、1」という数字が書いてありました。どういう意味だか分かりますか。

**開沼** いや、わかりません。

**佐藤** これは「ハインリッヒの法則」というものです。300の「ヒヤリ・ハット」すなわち大惨事になる可能性がある出来事が起こると、必ず29の軽微事故が起きる、そして1つの重大な事故が起こるという労働災害の経験則です。病院でしたら300の「ヒヤリ・ハット」があれば、一人の患者さんが亡くなる。原子力発電所でしたら、大事故が起こる。科学的に、ハーバート・ウィリアム・ハインリッヒが導き出した法則なんですね。その数字が、猪苗代第二発電所の壁に大きく貼り出してあった。

さきほども言いましたが、銀座の電灯を点けたのは猪苗代なんです。それから戦後の昭和三九年の日本の高度成長につながったのは只見の電源開発です。これを福島県から東京に送っていた。そして、前に述べたとおり、これだけ日本に貢献した只見にはお医者さんが一人もいない状況ができている。

電力を作ってずっと送っているこちらではそういうことを認識しているわけです。しかし、東京に住んでいる人なんかはどれだけ知っているでしょうか。

先に出した『福島原発の真実』（平凡社新書、二〇一一年）では書きましたが、私は馬鹿らしいから東京都知事なんかと東京で電力そのほかの話をする会合には行きませんでしたが、新潟県の知事は出席したら「熊がでるようなところに道路を作れるのは誰のおかげだと思っているのか」といった趣旨のことを石原都知事に言われたそうです。しかし、大正時代に東京の電車を走らせていたのは新潟からの電力なわけです。いまでも東京は他県で発電した電力を送ってもらっている。

**開沼**　地方が壊れれば、ブーメランのように中央にその被害がかえっていく。

**佐藤**　農業が崩壊したり、コミュニティが崩壊したり、地方そのものが壊れてきている。地方が崩壊しているというのは、東京を支えているリソースの供給地が崩壊しているということでもありますよね。これでまた農業はどうでもいい、水はどうでもいい、というような地方軽視になってきたら、私は東京だけでもやっていけるなんてありえないと思います。

さらに現実的な問題としては、東京の震災の問題がある。一九七八年に伊豆大島近海地震というのが起きました。それで、金丸信[35]さんのブレーンだった村田敬次郎[36]さんという方が、このままいくと危険だ、ということで首都機能移転という問題提起をしたんです。その後、阪神・淡路大震災もありましたのでこの議論は盛り上がりました。石橋克彦[37]さんが東京での震災の危険性を説いたのも大きかったかと思います。現実的な動きになってきたんですね。

阪神・淡路大震災が一月に起こって、その翌年の一二月までに移転の候補地を決めるということになった。私はいま記憶をたどると、六月くらいに当時、官房副長官をやっていた与謝野馨さんに会ったんです。そうしましたら、もう首都機能移転をする気がなくなっているんですね。まあ、彼は選挙区が東京だからかもしれませんけど（笑）。

これは首都機能移転はないな、と思いました。二、三か月経つと忘れちゃうわけですからね。

**開沼**　原発の問題にしても、推進か反対かという問題も重要ですが、おそらくそれ以上に重要な、根本的な問題としてすぐに「忘却」することをいかに止めるかという点があると思います。これは私がいつも強調して主張していることです。

**佐藤**　それは強調してもしすぎることはない。

**開沼**　五年後、一〇年後、いや、一年後に誰がこの問題を考えているのか。そこで何が変わっているのか。そのことを直視しなければ問題は何も解決しない。

**佐藤**　その通りです。

結局は、決議して動き出したにもかかわらず何も変わらなかった。しかし、現実問題として、地震が起こる可能性がなくなったのかというとそういうわけではない。今回の震災と原発事故から、そのことを学び現実的に対応していく必要がある時期に私たちはまさに直面しているといえるでしょう。地域や地方を活かすと喧伝された政策や、そういった理念が、少しずつ形骸化していって、結局、中央の論理ですべてが決まり、動いていくということを考えなおす必要がある時期にきているということだと私は思います。

**開沼**　道州制も小選挙区制も、結果として、「地方」のためになるのか、結局は「中央」のためにしかならないのではないか。このことを今回の事件から、真摯に考えなおさなくてはならないと思います。

**佐藤**　強いものが生き残るという構図は、もう変えないといけない。

# 第3章　「地方のみらい」を考える

## 二一世紀は福島の時代

**開沼**　ここまでは、震災以後の状況を踏まえることをあえて避けつつ、そもそも佐藤栄佐久県政とは何を達成してきて、そこにはどのような背景と思いがあったのかということをうかがってきました。これは、ただ「福島県の政治史を振り返る」という意味にとどまらず、「福島が３・11以降の事態にいたらなかったかもしれない可能性」、その「歴史のｉｆ」をあえて探っていく作業だと位置づけながら見ることができるし、いまこそそれが必要だと考えています。

震災以降の状況の中では「佐藤栄佐久＝かつて福島において原発に警鐘を鳴らした知事」ということが全国的に認識されました。確かにそれはそうなのですが、しかし、震災前から研究してきた者としては、それは佐藤さんの一側面にすぎないとも思います。「原発」という光が当たりがちな面をあえて避け、いわば陰になっている面、外堀の部分を捉えていくことによって、逆にその光を引き立たせ、そこにあった「骨格」をとらえていこうとしたのがここまでの話でした。

特異な原発政策の裏には、「佐藤栄佐久県政が一貫して抱えていた見えない前提」があったのではないか。その「見えない前提」を追求する作業としてここまでの問答があったと換言もできるでしょう。

その成否は別にして、この作業をしたメリットはもう一点あります。それは、「これからの地方がいかにあるべきか」考える際に必要な道具立て、考え方の方針が明らかになってきたということです。その道具立てというのは、佐藤栄佐久県政が「中央の論理」と適切な関係を作る上で必要な「地方の論理」を作るために必要としたものでもあるでしょう。

そして、3・11までの日本を作ってきたのが「中央の論理」であり、それがまた3・11からの日本のあり方に何らかの答えや希望をもたらしていないのならば、そこに頼り続けることはできない。そうであるならば「地方の論理」にそれを見出していくことができるのかもしれない。「地方の論理」の中にこそ日本の未来があるということであり、そこにこれまでの、あるいは現在の福島が必要とされているということです。

九〇年代から「二一世紀は福島の時代」と佐藤さんはおっしゃっていました。しかし、いま再びこの言葉を見たときに、現下の状況を踏まえれば、誰もが複雑な思いを抱かざるを得ない。

しかし、それでもいまこそ、あえて「二一世紀は福島の時代」と掲げる。その中に現状からの出口があるのかもしれないとも思います。

**佐藤**　知事在職中にその時々に突き当たった問題について考える中で、福島の政策が日本の政策となっていくような時代になるだろう、そうすることの意義は大きいだろう。そう思いながら「二一世紀は福島の時代」という言葉を使うようになりました。

環境ならそれが「未来からの信託」にあるということ、水の循環を大切にするということ、といった理念。あるいは、平等や公平、多様性、ボランティア・NPOを通した新たなライフスタイルといった大きな価値観も含めて字面だけではない具体的な政策。これらをいかに実現していくかということを考えていました。

**開沼**　理念は掲げてあってもその政策・制度化がなされない。結果、ただのきれい事として終わってしまう。これは現在の政治にありがちなことのように思えますね。

**佐藤**　そうです。自らの目で見、話を聞き考えたことを形にしていく。それが政治家の役割です。役人や中央の省庁・政治家の言うことを追認することが仕事ではありません。政治家個人としてもそうですし、地方の側から変わっていく必要がある。これからは地方の未来が、究極的には日本の未来そのものにつながる時代になっていくということです。

**開沼**　中央で設計図を描き、それを下請け機関としての地方が実行する。こういった「下請け構造」がこれまで、日本を世界に類を見ないほど急速に成長させてきたのは事実でしょう。そして、一概にそれが悪いことだと言うつもりもない。新興国にはそのような中央集権的な行政構造の中で経済成長をするところも少なくないわけです。

しかし、少なくとも日本において、その構造・制度の疲弊は明らかです。とりわけそれが明らかになった一九八〇年代末から二〇〇〇年代にかけて、佐藤さんが福島県で考えて取り組んできたことは、もしかしたら既存の閉塞感に風穴をあけるオルタナティブ（代替案）となるのかもしれません。

**佐藤**　そうですね。国に決められたことをそのまま受け入れるのではない。私には、政治家としての活動を通して草の根的に支えてくれる方々がいて、そういった方々との交流を通して政策を考えてきましたし、そういった方々が安定して支持してくださったからこそ大胆な政策も実行できたんだと思っています。

常にその場の声を聞いていく。「そういう考え方があるのか、それならこれが必要だ」と思うことをやっていく。常に新しい価値観のもとでの県づくりというのを考えていました。そしてそれはいつでもそこに生活している人のためになると思えるものでなければならない。

**開沼**　それは福島県以外でも実践可能なことかもしれませんね。そうやってすくい上げていったものを通して複数主義や自然・歴史への配慮といったことを実現していく。これは、一元的に経済成長や科学技術発展の追求を進めてきたことによって作られてきた問題点を中和しつつ進められる、新たな国づくりにも直結する。

**佐藤**　そうです。そういう意味で「二一世紀は福島の時代」と言っていました。

## 民主主義をめぐって

**開沼**　チェルノブイリのお話で、ファシズムといいますか全体主義のような国であるからチェルノブイリが起こったのではないか、とおっしゃっていました。このことをつなげて考えると、今回の原発も、地下五階に電車を通すような、ファシズムとはもちろん違いますが、科学技術や安全神話を全面的に信じるような風潮というのがあったからこそ起きた一面がある。そのようにお考えですか？

**佐藤**　私がファシズムという表現を使う場合は、政治の側が意図的に情報を隠すことに最も象徴的なことですが、本来あるべき民主主義を認めないということです。一部の人間が恣意的に情報をコントロールし、自らの都合を優先する。こういう体質は、現在の検察にも経産省にもあると思っています。都合が悪いかどうかは住民が考えるべきことであって、それを事前に隠しておこうとするというのは民主主義ではありません。

**開沼**　戦時下のファシズム国家がそうでしたし、ソ連だってまさにそのような状況であり、その中でチェルノブイリの事故が起こりました。

**佐藤**　その通りです。民主主義を踏みにじるような国では原発は扱えない。情報を公開し、問題があれば皆で修正していくという仕組みが失われた中で過ちを犯してしまう。特に原発は、一度事故を起こせば、取り返しのつかないことになる。

当然のことですが、民主主義の国でしたら、情報をオープンにしなければならないんです。原発の事故を通して明らかになった「社会の体質」の問題として、許されないことをやっていたことが明らかになったし、いまもやっていると思います。保安院、すなわち統治機構が健全に働いてチェックしなければいけないという、あたりまえの倫理性さえもなくなっている。情報をオープンにするというのは、やること自体は単純なことです。長年の積み重ねの中でそれすらもネグレクトするような組織になっているのかもしれないと感じますね。

**開沼** その点でいけば、もともと三〇年で廃炉だと言っていたものが、いつの間にか四〇年動いていた。今回の事故で気がついた人も多いでしょうが、これは不可解なことですよね。その中でこれだけのことが起きたというのは一つ象徴的なことですね。

**佐藤** そうですね。震災前から地元で脱原発を掲げているみなさんが指摘しているように、最近も部品を変えればいいんだといいながら、耐用年数を四〇年から五〇年に一〇年間引き延ばすというようなことをしていた。その根拠となる情報や意思決定にも不明確なところがある。やってはいけないんです。素直にすべて情報を出せばいいんです。

**開沼** 私たちは、戦後の日本社会を「民主主義」であると思い込んできた。しかし、表面的には民主主義的であるかのように見えていても、その基盤には非民主主義的なものが確実にあり、それによってこそ成り立っていたのかもしれない。そのことによる問題は、右肩上がりの成長期の時代には見えにくかった、見なくてもすんだが、ポスト成長期である現在において次々に明らかになっているとも言えるでしょう。

民主主義の国であるはずの日本が、そういうようなファシズム的な体質を持ってしまっているのはどうしてなんでしょうか。

**佐藤** 国民も含めて、良いとか悪いとかいう判断を一人ひとりが自分の頭でしないで、誰かに責任を負わせて頼っているようなところは、戦後ずっと日本の基本的な欠陥として残っていたのかもしれないですね。

例えば、浪江町の町長も、自分自身が学校教育で原子力施設に連れて行かれてすごいものなんだなと洗脳されてそのまままきてしまった、と言っていました。学校では誰も「自分の頭で考えましょうね」ということを教えない。いまとなっては遅かったわけですが、そういう視点こそが必要でしたよね。

**開沼** 自分の頭で考えないということは、一方では「楽なこと」でもあります。

無論、それは必ずしも悪いものではないのかもしれない。便利さや分かりやすさの追求が、いまの私たちの生活の基盤になっており、そうやって「楽なこと」を増やしながらも、新たなものをつくってきた。

しかし、佐藤さんがおっしゃるようなファシズム的な状況というのが、そういった便利さ、分かりやすさと結びつきながら、知らぬ間に作られているのかもしれない。「地獄への道は善意で敷き詰められている」という言葉もありますが、私たちが良かれと思って、「善意」の中でそういった状況を作り上げてきてしまったのだとすれば、それを自覚して正していく必要がある。

**佐藤**　さきほども少し例に出しましたが、昭和のオイルショックの後、ファシズムを求める機運が、朝日・読売・毎日といった大新聞でも高まったことがあります。いまもそうですが経済的にこれまでのようにはいかないことがあきらかになった状況のなかで、政治はいったいどうなっているんだと、いうことですね。

当時は自民党が非常に強い時代ですから、誰か立派な政治家は自民党のなかにいないのか、と大新聞が盛んに言ったんです。戦争であれだけのことを経験した日本はファシズムのような国にはならないと思っていました。しかし、オイルショックのときにこういう風潮が高まった。強い政治家を求めるというのはファシズムを許すようなことだと思っていましたから、非常に危険だと思った記憶があります。日本にもファシズムになるような可能性があるんだと思いました。

小泉純一郎が首相になったときにも、同じような雰囲気がありましたね。彼にあれ以上の野心があるんだったら、国民をどういう方向にでも持ってくことができたでしょうね。郵政は田中派の指導のもとに何百兆もの郵貯を自由に動かしていましたから、財務省サイドからの気持ちは私も大蔵政務次官をやりましたからわかります。そういう気持ちがどこかで屈折して、郵政民営化ということを強力に推し進めた。それ以外は、何の野心も小泉さんはなかったから、国民にとっては幸いしましたよね。小沢一郎さんだったらなにかしたかもしれないですね（笑）。

**開沼**　ファシズムは現代にも生まれうる。その前提から政治を見ていく必要があるように思います。

近年の政治の動きで言えば、大阪市の橋下徹市長と維新の会の動きもそうですが、その善悪を置いておくにしても、「議論を尽くして、情報開示を徹底して」というところが不問に付される形で、とにかく沸騰する「革新への期待」だけを基盤に政治が突っ走っている状況が見えます。私が『「フクシマ」論』で描いた、原発立地地域の状況は、そういった誰かカリスマ的な人物が軸になっているかというとそうではないので少し違いますが、しかし、カリスマのかわりに原発や東電という軸が「革新への期待」をでっち上げながらその社会を動かしているものでした。「橋下に任せれば」あるいは「原発の誘致やプルサーマルの受け入れをすれば」いまの閉塞感漂う状況が何か変わるのかもしれない、どこにあるのかわからない出口に行き当たるのかもしれない。そのような政治のあり方が現代的な政治のあり方なのかもしれません。それは佐藤さんがおっしゃるファシズム的なものと極めて親和的です。

私は原発立地地域と原発との関係を「addiction（嗜癖）[38]」という概念を使って示しました。「依存、中毒」という言葉と近い意味を持っている言葉です。「addiction」のポイントは、アルコール依存症などで考えるとわかりやすいですが、目的性が失われているのにも関わらず、徹底的にそれに頼るということです。

アルコール依存症になると「アルコールを飲んでリラックスした時間を過ごすためにアルコールを飲む」というような「本来の目的」がもはや消え、とりあえず「アルコールを飲むためにアルコールを飲む」といってもいいような状況に陥り抜け出せなくなる。途中からは本人も「なければないほうがいいのは分かっているんだけれどもやめられない、止まらない」という無限ループの中に入っていきます。

いまの政治には、「○○のために革新を求める」という目的性が失われ、とりあえず「革新するために革新を求める」と言えるような状況があり、そこにファシズム的な政治体制が滑り込んでいるのかもしれません。

**佐藤** そうですね。

**開沼** 原発に依存してしまう社会を「addiction」につなげてもう少し考えてみます。

アルコール依存症のような「addiction」の背景には、慢性的に経済状況が厳しいとか仕事で悩みを抱えているとか色々理由があります。それゆえ、ただ単純に「薬で解決」とか、「一過性の金銭的補助でずっと大丈夫」というような話ではない。

例えば、アルコール依存症がそうですが、酒に依存していた人から単純に酒を取り上げても根治せず、むしろDV(ドメスティックバイオレンス)依存のような新たなaddictionに転化したり、あるいは精神状態や生活状態が破綻して、より「生きることの質」が下がってしまう場合がある。薬や一過性の金銭的補助はむしろそれを悪化させることもあるため、それを改善していく方法として、専門家が相談にのるカウンセリングとか、アルコール依存症の患者同士で話し合う自助グループとかが作られるようになってきました。周りの人が、正しい方法で継続的に関わっていくということの中でしか、addiction から抜け出す方法はないんです。

しかし、これは「個人の addiction」の話であって、「社会の、あるいは集団とか組織の addiction」をどうするのかということについては、なかなか改善策が見つけられていない。

いまの話でいけば、原発への、あるいは広く政治的に見られる addiction から抜け出すためには、思いつきの代替策や一時的な金銭援助ではなく、持続的に周囲の人々や社会が関わることが求められているように思います。そして、それが実はファシズム的なものを回避しながらなされる社会の営みそのものであるように思います。

**佐藤**　なるほど。そのための仕組みをいかに作っていくかが重要ですね。

一つは価値観の転換が必要だと考えています。例えば、私が知事在職中から感銘を受けていた地域の取り組みとして、飯舘村の「までいな暮らし」があります。

**開沼**　震災以後、飯舘村が全村避難しなければならなくなって、全国的に注目される中で有名になりましたね。「までい」には「手間隙かけて」とか「丁寧に」という意味がある。

**佐藤**　そうです。

もともとは、ヨーロッパで始まったスローライフ・スローフード運動に影響を受けたものです。これは、経済優先・効率優先の価値観への反省から、例えば仕事への取り組み方や人間関係、食べ物などあらゆる生活の面において、それまで「ファースト」がよしとされてきたことについて「スロー」をよしとするようにしていこうと価値の転換をするというものです。

**開沼**　経済力や科学力に頼らずに、例えば自然に配慮した食品を選んで食べるというような。

**佐藤**　ただ「スローライフ」と言っても、地元の方にはなかなか伝わらなかった。だから、地元に昔からある「までい」という言葉をあてて、みんなで価値観を共有しながら村づくりをしていこう、ということで動いていきました。

まさに、そういった価値観の転換、これは上から押し付けても必ずしもうまくいかないわけですから、自分たちで考え、自分たちで言葉や意識を作り変えていく必要がある。

**開沼**　なるほど。

**佐藤**　そういった意味で、もう一つは、今度の場合原発を再開するかどうかを含め、福島県でこれだけのことが起きたわけですから、試みに県民投票をやってみようというような声があがってもいいわけですよね。もちろん、ここで結論を出す必要はない。ただ、かかる事態を受けて、福島県では県民の意思を問う、と。

これこそ民主主義の原点なんですよね。みんなの声を聞くということです。福島県で県民投票を実施したら、あるいは、ほかの県でも実施するかもしれませんね。

柏崎刈羽原発では一度プルサーマルの受け入れについてやった。結論はいいんです。県民あるいは国民で投票をしてみよう、そして、判断は政治家にさせる。

県民投票で福島県が脱原発をするという意思を決めるならば、これはひとつのチャンスだったかもしれませんね。福島県はこういう方法で結論を出すこともできました。

いままでの渡部恒三さんの経産省とのうまい関係であれば、渡部さんはブレーキをかけるかもしれません。いまの佐藤雄平知事は渡部さんの元秘書でもありますし。しかし、そういうことがないなら、渡部さんと知事との立場が逆転しているのかもしれないですね。

いままでは渡部さんの言うことを聞いて、プルサーマルをやってしまったのかも知れない。プルサーマルやったら票は一〇万票くらい減るだろうけれどもやってしまった。今回の事態ではもうダメだよ、ということかもしれない。渡部さんとの関係はこれを機会に逆転するのかもしれません。

私だったら、県民投票を実験的にであれやりましょうと、言いますね。今回はそれが可能でした。それこそ、民主主義がその原点に戻るチャンスだった。これからの日本にとっては非常に大きな意味を持つことだったかもしれませんね。

**開沼**　また状況が変わったら、つまり、早いうちに福島第一原発を抑え込むことができて、佐藤雄平知事が退いたりしたら、また新しい知事が、原発やります、ということを言いだす可能性についてはどうお考えですか。

**佐藤**　それはむずかしいでしょう。佐藤雄平知事でさえ、脱原発ということを言わざるをえないような状況ですからね。

「賢者は歴史に学び、愚者は経験に学ぶ」。これだけの歴史的事実を前に学べることを学びきる必要があります。まさに検察は愚者なので、村木厚子さんの事件は佐藤栄佐久事案の経験に学んで、部下を逮捕したわけです。経験にしか学ばない検察や日本の社会というのが変わらないと、ファシズムがますます進んでしまう。

かつて、東欧の共産主義の国々に中曽根さんと視察にいったときに、東ドイツによりました。その時、あちらが用意した車に乗るわけです。すると外務省筋の職員が言うんです。「すべての会話が政府に伝わりますので十分注意してください。宿泊先の部屋から電話をしても聞かれます」と。

当時の共産主義国はどこもそういう状況で、まさにソ連はその中心にあった。だからこそ、チェルノブイリは起こったんだと私は考えています。ファシズムというのは、情報を操作している わけです。「歴史」の部分から正しい判断をするために必要な情報を持っていってしまう。いままでうまくいったから大丈夫だ、といった経験だけで物事を進めてしまう。しかし、その共産主義国で起こったチェルノブイリの事故に関するソ連の議事録は残っています。議事録がないというのはそれ以下の全く考えられない事態ですよ。

## 一極集中からの脱却

**開沼**　現在も「いままでうまくいっていたから大丈夫」という経験の中でことが動いている部分があるのかも知れません。その点で言えば、先にも何度か出た例ですが、大江戸線が開通したときに、当時の扇国交相に、地下鉄の下にさらに地下鉄を掘って通すという開発が理にかなっていないというようなご発言をなさっていますが、どのような思いがありましたか。

**佐藤**　これはいろんな問題と絡みます。

当時の森喜朗首相が、国連に行って女性の職員と懇談したらしいんですね。そのときにその女性は日本には帰らないですと言ったらしいんです。その方はお子さんが四人いらっしゃった。東京だと四人の子どもを育てることはとても大変でしょう。交通は便利かもしれません。しかし、だんだん通勤可能居住地域が広がっていて、それで結局、通勤に片道一時間くらいかかる。働きながら、四人のお子さんを育てるのはかなりむずかしい環境だと言える。しかし、国連本部があるニューヨークではそれが可能だというんですね。同じ先進国でも状況が違う。日本は、一極集中型の開発をする中で、自分が本来あるべきバランスを失っているのに、そのバランスを失っているという事実に気づかない状況があるように思います。

**開沼**　学術界との関係という点ではいかがでしょう。

**佐藤**　大江戸線開通の際に当時の扇千景国交大臣と石原都知事とが握手していましたが、その後の科学技術有識者議員との懇談がありまして、私は、いま新宿もどこも高層ビルが立ち並んでいる光景をみて問題を感じないのはおかしいということを言いました。霞ヶ関にビルが一本できたとき科学技術の勝利と新聞に書かれていたことをおぼえていますが、いま問題提起をしないといけないという思いがあったんです。

首都機能移転の問題を国会で決議して、阪神・淡路大震災が起こって二年後に再度決議しました。実際、遠くない未来に、東京で必ず問題が起きると多くの真っ当な科学者が分析をしているわけですから。そのときに「やっぱりな」と言っても仕方ないんです。いま対策を考えないといけないと言ったわけです。そうしたら、それは政治の問題ですと、重要な話ではないんですと切り捨てられてしまった。

「やっぱりな」という点では原子力と同じです。リスクが高い状態にある、事故が起こるだろうと言っていて事故が起こったわけですから。

例えば原子力学会についても思うところはあります。かつて、日本学術会議(39)の会長は伏見康治さんとか茅誠司さんがやっていたはずなんです。一九四九、五〇年ころですね。お二人とも原子力が専門の方ですよね。こういう方々が学術会議の会長をやっていた。しかし、いま原子力学会は、学術会議には属さない別の学会になっています。まさに中央の原子力ムラの大将みたいなものとして、学術的な中立性を失い、政治とか財界からの影響を容易にうける状態はよくないのではないか、原子力学会も日本学術会議と一緒に動いたらどうかといった提案をしたこともあります。

もちろん、私が知事在任中にプルサーマル問題を抱えている時、原子力学会に行って私が話した際に、若い人たちは私の発言を理解してくださって発言もしていただいたということもありました。皆がバランスを欠いていると言うわけではありません。ただ、これまでの日本の原子力を支えてきたんだ、という年配のみなさんからはクレームを受けました。彼らは私の意見に賛成はしませんでした。

**開沼**　一極集中型の開発という点でいえば、東京をはじめとする都市部に一極集中するのではなくて、さまざまな意味で地方に権力や財源を移しつつ、そこで人や自然と共生しながら、地方を作っていくという考え方にしていかないと、これからはダメだということですね。

**佐藤**　それはもう基本です。私は「森にしずむ都市」という言葉を使っていました。

海外では、例えばオーストラリアのキャンベラは飛行機で降りていくときに、何もない森のなかに着陸していくような感じがするんですね。東京は、全く違います。大江戸線が地下五階を通っているわけですから。これはたいへんなリスクですよ。騒がれているように、東京にも大きな地震がくるかもしれないわけです。東京の高層ビルの耐震性は大丈夫だが、しかし二〇階以上にいる人は揺れが増幅されて非常に危険だといったことも発表されています。当たり前の話ですよね。少しでも想定外のことが起きれば、たいへんな事態になります。

**開沼**　解決策として、例えば、かつて佐藤さんが参議院議員時代に国会で質問する中で、福島からでも東京に通勤できるじゃないか、という話をされていましたが、こういったモータリゼーションを利用しながら価値観を変えていこうという話は八〇年代から九〇年代の頭にかけて、福島だけでなくさまざまな地方が夢を見たことだと思います。実際、当時は急速に高速道路や新幹線も整備されていく時期でした。

交通機関を発達させればある程度、分散して定住できるんだという話がかつては理想としてあった。ところが、二〇一一年に青森から鹿児島まで一応、新幹線はつながるようになりましたが、そういった議論は影響力をひそめている。それは事実として、モータリゼーションが進んでも、都市・都会中心の価値観自体の転換が結局進まなかったということと深く関係していると思います。その点では、なかなか当初描いたとおりになっていないとお考えのところもあるんではないですか。

**佐藤** 一番むずかしいことだよね。

**開沼** むずかしいですよね。答えが出てたら誰かがやってますよね（笑）。

**佐藤** 都市・都会中心に人が動いてしまうこと、そして過疎をどうするかということは、私もずっと考えてきたことです。過疎の町村でも知恵を絞ってやってきましたが、かなりむずかしいテーマでしたね。ただ、地方のすばらしさというのが、ここにきてようやく浸透してきたという思いはありますね。これは福島県で言えば、知事時代に政策としてもやったんですが、意識的に福島のどこかに定住できるような体制を作ろうということはやりまして、都会からこちらに来るという人も出てきてはいますね。

その点では、いま以上に、働く場所の問題は解決しないといけない。若い人にとって一回は東京に行きたいという気持ちがあるのはそれは仕方ないことですが、ちょっと疲れたと、やっぱり戻って暮らしたいという時に、受け入れられる体制をまず用意しておくということ。いまはそれができていない。これは、自治体もそうだし、国も過疎をどうにかしないと、高齢化をどうにかしないとと言っているだけではなくて、いまよりも具体的に予算をつけたり、実際にいろいろなとりくみをしたりすべきだと思います。

**開沼**　あらためて聞くまでもないことかもしれませんが、福島の今回の原発の問題と、それとは一見関係ないように思われるかもしれない、日本全体を震災以後のいまも覆っている、おっしゃるような、過疎を憂いても具体的な策を講じずに、旧来型の一極集中型の開発に邁進するような価値観、その関係は？

**佐藤**　すべてつながっていますよね。地下五階を走っている電車というのは、ちょっと考えただけで不安になってきますよね（笑）。停電になったりしたらね。原発も、すべての電源がなくなって、いまのような事態になっているわけですから、想定外の事態にならないとも限らない。

「原発震災」の危険性について早くから指摘していた石橋克彦さんがおっしゃっていますが、地震の場合には、ひとつの問題だけが起こるのではなく、問題が複層的・複合的に起こる。これが危険なんですよね。石橋さんは阪神・淡路大震災のときから、「複合震災」という地震と原子力事故が両方起こることを言って危険性を主張なさっていましたが、二〇〇六年にまったく言うことを聞いてもらえないので責任を負えないということで原子力安全委員会を辞職しています。彼は、この「複合震災」の危険性を二〇〇五年の予算委員会でもはっきりと言っているんですよね。現実に、今回の東日本大震災にともなう福島第一原発の事故が起こってしまったわけです。

地震と、想定外の津波と電源喪失。まさに想定外の「複合震災」が発生した。

**開沼**　それを大したことがないからいまは議論しなくてもいいんだ、としてしまったところには一極集中型の開発の思想が、無意識的であるにせよ、強固にこびりついている。

そういうリスクを、たぶん誰しもあるだろうなと心のどこかでは分かっているのに、そのリスク対策以外のなにかを優先してしまう。

**佐藤**　原子力で考えますと、そのようなリスクの存在を頭の中からわざわざはずしてしまうんです。考えたら、きりがないんでしょうね、原子力の場合は。「危険が起きたら」なんて想定することすらできない。意識的にそういう想定を排除している。考えたら、もうそこで思考を停止しないといけないような状況なんでしょうね。

誰かが決断しないといけないわけですが、原子力安全委員長でさえ、いざ事故が起こってみるとテラベクレルという天文学的な数字が出てくるのでもう考えられない、というようなことを言っている。それを考えておいて、事前に判断をしておくべきなのにもかかわらず。

例えば私がいま総理、あるいは都知事だったとしたら、東京における震災のリスクの問題を想定のものとして徹底的に考えることをしますね。やはり、首長というリスク管理のトップにいる者としては一度問題提起するべきでしょうね。

## 「地方のみらい」をみつめて

**開沼**　私は「植民地」という言葉を使いながら、日本の地方がおかれている状況を分析しました。ある面で国に組み込まれながら一極集中型の開発をされる存在に固定化されてしまった地方があって、それはこれまで日本が経済成長をする上では重要な基盤となったけど、いまとなってはさまざまな問題を引き起こすリスクの集積地ともなっていると思います。しかし、「植民地」という言葉には、そういったネガティブな面だけではなく、ポジティブな未来も込められます。つまり、宗主国・中央からの「独立」を果たす可能性です。

拙著を『「フクシマ」論』というタイトルにしたのは、浮遊する「フクシマ」というイメージを考える上での出発点になる議論だと考えたからです。それゆえに片仮名にカギ括弧をつけるという複雑な表記にしました。

福島第一原発事故によって、それまで世界的にも、日本国内でも地味な存在、忘れられた存在であった「福島」が、ある面で世界的かつ世界史的に名が流通する存在となってしまった。それは「福島」が、すでに多くのメディアで片仮名表記の「フクシマ」として名指されていることにも象徴的です。「フクシマ」というイメージは事故を経て、ビックバンの如く、時空間を超えて世界と歴史のあらゆるところに浮遊し、新たな世界を作りはじめている。

その「フクシマ」を考える上で、「中央の論理」に侵略される形ではなく、福島としての「地方の論理」にもとづく「独立」に向かった「フクシマ」のイメージを作っていく必要がある。

もちろん、片仮名で「フクシマ」と表記するのは、ある種のスティグマ化（負の烙印）であって、ネガティブなことのようにも捉える見方もできますが、しかし、名を知ってもらった、注目されている、その中で、世界に向けて、歴史に向けて、その独自の価値観を発信していく機会に他なりません。中央の論理によって、ある面で日本の近代化に組み込んでもらい、しかし結果として泥をぬられてしまった状況にある「フクシマ」のイメージを、自らの価値観、地方の論理を取り戻しながらポジティブな「フクシマ」に変えていく必要とチャンスがいま、目の前にあるように思います。「フクシマ」は今後忘却されていく。しかし、自然の流れに任せた風化としての「忘却」の中ではネガティブな「フクシマ」イメージの側面だけが残ってしまうかもしれない。「忘却」に抗い、地方の論理を自らうちたてていく必要があるように個人的には考えています。

**佐藤** 私が「地方の時代」とか「東北から光を」といった言葉を道しるべに考えてきたことの延長にあるような話ですね。

**開沼** その通りです。

**佐藤** 原発の事故があって、やっと多くの人に認識されはじめたことだと思いますが、日本のあり方、価値観を根本から変えていく必要があります。それは私自身が政治家として一貫して考えてきたことと深く通じることです。

本来、政治と経済は、ある面では別なものでした。自分自身の価値観やこれからのあるべき姿を示しながらその実現に向けて調整をしていく、努めていくのが政治であり、政治家の役割だと思っていました。

**開沼**　それが、地域づくり、教育、環境、ジェンダー、福祉など、ここまで見てきたさまざまな施策、あるいは原発を通した県政の激動に現れています。しかし、それが変わってきた？

**佐藤**　そうです。一言で言えば、政治と経済が一体化している。つまり、必ずしも経済的繁栄が望めなくなる中で、それまではあった政治の余裕が失われ、経済を優先する、合理性を追求する力が前面に出てきている。経済的合理性を追求する形での課題が常に前面に出てくるようになり、政治と経済が共犯関係を結び一つの方向を向きながら、多様性や自然環境、社会的弱者を蔑ろにするようになっている。そして、地方が軽視され、このような事態を引き起こし、その後にも、地方の軽視は終わってはいない。この根本にある構造を変えていかないことには何も変わらないと思います。

**開沼**　それは確かなことですね。学問的にもさまざまな形で指摘される現象です。例えば、新自由主義という言葉があります。それは、経済成長が困難になる中で、市場を活用しながらそれまであった社会のムダ・余裕を徹底的に排除する思想です。それは、例えば巨大公共事業、政府組織や公務員をスリム化していく「小さな政府」という考え方のように、政治による経済への介入を縮小し国を作っていく、立て直していくものです。それは経済的な面では「自由」を推進するものですが、一方、政治的には新保守主義などと言われる、それこそ人の心の中に踏み込むことも辞さない形で社会のあり様を規定していくような思想とセットであらわれます。政治的な秩序や統一性を守りながらも、経済的な自由や流動性を作っていく。そして、それが経済的合理性の追求一辺倒の状況作りに大きく影響を与えてきたのは確かだと思います。ただ、この考え方自体が悪い、現代の社会問題の諸悪の根源だ、と言う人もいますが私は必ずしもそうは思いません。じゃあ、そうではない道として提示されるような、例えば社会民主主義的な社会のあり方、ある面で政府を再び大きくする志向がそれだけで代替手段としてよいのか、それを選べば、問題が全て解決されるのかというとそうではないからです。ある面では、こっちをたてればあちらがたたない、逆も然りのシーソーのような状況にある。

そして、ここで強調しておくべきなのは、両者とも、多くの場合、結局「中央の論理」を前提としてしまうということです。国を統一的にどうしていくか、中央からいかに社会を変えていくか。その考え方が、多様性の喪失、地方の問題をこれまで作りだしてきたにもかかわらず。

**佐藤**　地方へのばら撒きをすればいい時代ではないことは勿論、経済合理性の追求が生み出す問題も無視できない時代になってきた。利益追求型、一極集中型、あるいは田舎が都会になるために成長を目指すべきとすることなど、変えるべきことは多くあります。それは「中央に変えてもらうもの」ではなく、「地方から変えていくもの」です。地域やその多様性に根ざした政治を行う。それ自体は昔から行われていたはずでしたが、どこかでそれが忘れられ、それまでそこにあった人のつながりや安心して生活するための仕組みという広い意味でのインフラをつぶしてきてしまった。

いわば「利益の量から生活の質へ」「一極集中から多様性へ」ということですね。

**開沼** そして、豪雪地帯に点在する一軒家に住む高齢の方でも、安心して暮らしていけるような社会を作っていく。

**佐藤** そうです。

**開沼** なるほど。佐藤さんのお話をうかがってきて、明らかになってきたあるべき社会、地方像のオリジナリティが分かってきました。それは、ある面で、二〇〇〇年代以降、いまもたびたびメディアに「地域主義」「地方主権」「地方の時代」などといった言葉と共に出てくる「地方」の話とは大きく違うものかもしれません。

例えば、東京や大阪、あるいは名古屋などで、カリスマ性のある首長を中心に「地方から日本を変えていく」というような動きの事例がでると、皆がそれを支持し、ある面でメディアもそれに過剰な期待をかける。しかし、それは「利益の量」や「一極集中」をどこかで志向している。つまり、確かに「地方から日本を変えていく」わけですけれども、言ってしまえば、それは自らが新たな中央になることを目指している、「中央の論理」のオルタナティブ（代替）となることを目指している。

**佐藤** たしかにそうですね。

**開沼** ところが、佐藤さんの姿勢はまた違う。つまり、地方が「中央の論理」を目指すのではなく、あくまで、地方が地方であるままで生きていけるような、ストレートな意味での「地方の論理」を目指している。

相違点を洗い出すとするならば、それは「誰もが強くあらねばならない」という前提の有無です。例えば、「地方重視の国を作るために道州制なり、他の制度を導入するなりして仙台を強くすればいい」という話。これもある面では「地方重視」ではありますが、その過程で、「地方の中の中の中央である仙台」によって、「地方の中の地方である無数の地域」に対する容赦ない切捨てが行われうる。その枠組みの中で求められるのは競争に対応する強さです。

しかし、競争からこぼれ落ちるものをいかに掬い取るのか、それが決して弱さなんかではないということをいかに示し続けるのか。それが政治の役割であり、「地方の論理」の前提となるものなんですね。

**佐藤**　その通りです。これまでは中央のため、国のため、競争に勝ちたい誰か他の人のために地方なり、地方の論理があった。しかし、そうじゃない、「強くなるための地方の論理」あるいは「中央と戦うための地方の論理」ではない、自らが自らであるための、いわば「共に生きるための地方の論理」を作っていかなければならない。

**開沼**　まさにキーワードとなってきた「共生」ですね。

佐藤さんの価値観、政治的実践が、実は今後の福島、あるいは地方、さらには日本の未来を考えるきっかけになるということが、お話をうかがいながら実感できたように思います。それは、私自身が原発に絞った形で二〇一〇年に佐藤さんにお話をうかがった上で予想していたものを超えるものでした。

ありがとうございました。

**佐藤**　こちらこそ、ありがとうございました。

# あとがき——地方の論理こそが国際標準

チェルノブイリでの原発事故から九か月後、一九八七年一月のことである。当時参議院議員だった私は、当時の中曽根康弘総理の随行で北欧・東欧を歴訪した。寒波の襲来であまりに気温が低くなり、フィンランドに総理一行を送り届けた政府専用機は、凍結を防ぐためにギリシャのアテネに退避していった。

中曽根総理はフィンランドの戦死者の墓地で献花の際、儀礼として手袋と帽子を取ったが、マイナス二〇度、三〇度の当地では信じられない行為だったようだ。持った花は手に貼りついてしまい、鼻から出てくる息が凍って鼻ちょうちんとなり、息が吹き込まれてお祭りの綿飴のようにみるみる膨らんでいく。「頭は帽子で守らないと危険です。帽子を取るなんてもってのほかですよ」と後で教えられた。

晩餐会では寒い国らしく、毛皮のファッションショーが華やかに行われたが、何よりも強烈な印象として残ったのは、メインディッシュの肉料理が出ると、「この肉（鹿肉）はチェルノブイリの放射能で汚染されていませんから」と、わざわざ断りがつけられたことだ。大陸続きとはいえ、チェルノブイリと一〇〇〇キロ以上距離が離れているフィンランドで、これほどデリケートな扱いをされているとは。チェルノブイリの影響が、いかに大きいかを思い知らされた出来事だった。

そして、二五年後のいま。私たちが「この食品は放射能で汚染されておりません」と叫ばなければならないような日が来るとは思ってもみなかった。

いったい、前の県知事であった私の何がいけなかったのか。自問自答の日々が続いた。

あの当時、ベルリンの壁はまだ存在していたが、全体主義体制のソ連邦にはゴルバチョフ書記長が登場し、ペレストロイカやグラスノチの動きが出てきていた。東ベルリンの街は、西ベルリンや西側諸国とは雰囲気が違い、重々しく陰鬱な感じで、通りのところどころには指導者の大きな顔写真が飾られていた。

東ベルリンでは、外務省関係者から注意を受けた。

「話す内容は、必ずあちらの政府に流れるので注意するように。例えば日本にかける電話も盗聴されていると考えよ」。

そういう全体主義、ファシズムの国だから情報隠蔽や盗聴が横行し、チェルノブイリのような事故を起こしたのだと思って帰国したのを覚えている。

チェルノブイリ原発事故から二〇周年の二〇〇六年四月二六日、ロシアのイズベスチヤ紙はチェルノブイリ事故直後、当時のソ連共産党の最高幹部たちが開いた党政治局会議の議事録の一部を報道した。そこで当時の指導者たちが何を議論していたかがわかった。

ゴルバチョフ書記長「正直に行動することが最善の道だ」という一方で、「公表の際、我が国の原発設備の名誉が傷つかないよう、『原発は修理中だった』と言わなくてはならない」と及び腰で情報操作にも言及している。

グロムイコ最高会議幹部会議長「(社会主義圏の)兄弟諸国には多く情報を提供し、米英には対しては一定限度の提供にとどめるべきだ」

ジミャニン党書記「爆発は起きておらず、放射能漏れが生じただけだ、と発表することが大事だ」

ファシズムが横行していた共産主義体制の国ですら議事録は残っていて、後世の人間が、歴史の一ページとしてその当否を検証することができるのである。民主主義国家であれば、議事録は即座に公開されて、主権者である国民の批判にさらされて当然である。

ところが、わが国の政治は、ファシズムよりもレベルが低いということがはっきりしたのである。原発事故を受けて設けられた、政府の『原子力災害対策本部』の議事録が残っていないということが、NHKが請求した情報公開で明らかになった。つまり、原発事故発生後の国の対応がまったく検証不可能になっているのだ。ひどいとしか言いようがない。私たちがいま住む国は、冷戦下の共産圏よりもひどい国だということになる。

国民のひとりとして驚き呆れるのは当然のことだが、かつての県知事として、福島原発と厳しく対峙した立場からすれば、やり場のない怒りに震えが止まらない、としか言いようがない。

国が中央政府であるとすれば、都道府県は地方政府である。選挙で選ばれる地方政府の長、特に都道府県知事は、むしろ総理大臣よりも強い権限を握っていると見ることもできる。例えば福島県知事ならば、私の時代であれば二一〇万県民が安全に生活できるように、二四時間態勢で不測の事態に対応し、全責任を負わなければならないし、県民が安全に、そして幸せに生きていけるような政策をとらなければならない。

その点で、国の政策と県民の利害とが一致しない場合がしばしば起こる。福島の場合、もっともそれが先鋭的に現れたのが原発の事故・トラブルとその隠蔽であった。東京電力と経産省の共犯関係、いや、経産省が主導しての無責任体質やプルサーマルに代表されるごり押しから県民の安全を守る闘いに、私や県職員のエネルギーの多くが費やされた（このことについては、私の前著『知事抹殺』『福島原発の真実』（平凡社）に詳しく書いた）。

加えてこれだけの大事故を起こし、一〇万人以上の避難者を出し、子どもを中心に六万人以上が県外に避難するという犠牲を地元に払わせてもなお、「議事録がない」というのである。無責任体制は経産省から政府全体に広がっている。責任はもちろん政府にあるが、「不作為犯」は官僚である。議事録をとって残すのは彼らの役目であるからだ。

何をもってしても贖えないほど重大な罪である。これはもはや、「人道に対する罪」ではないだろうか。

私は二〇〇六年五月にフランス北東部の都市、ストラスブールで行われていた欧州地方自治体会議に、全国知事会代表として出席した。そこで私は「日本の地方自治の現状」と題して、全国知事会の取り組みを中心に講演を行った。

次の日に開かれた総会ではチェルノブイリ事故二〇周年を記念して、「スラヴィティチ基本原則」を採択した。これは、その年の三月、チェルノブイリ原発から五〇キロほど離れた、事故対策のために作られた人工都市スラヴィティチ市で行われた国際会議「チェルノブイリ事故から二〇年：大惨事に見舞われた地方・地域自治体」で採択されたもので、その後、ヨーロッパ中の自治体で採択が広がっていった。宣言の内容を紹介しよう。

①各国政府の主たる役割
原子力産業は複雑で危険な工程を伴うため、特にエネルギー技術にまつわる重大問題への対処や原子力発電所の立地、安全については政府が本質的に責任を負う。

政府は本分野における主たる責任を他に委任することはできない。世界規模の原子力安全管理は、各国政府が国際規範に則して原子力安全を統合的に確立して初めて可能になると考えなくてはならない。また、長期防災政策において考慮すべき初歩的段階、かつ不可欠な教育および科学的研究に要する資源の調達を行うことができるのは、各国政府のみである。

②地方、地域自治体の不可欠な役割
地方・地域自治体は最前線に位置し、直接利害を持つ住民を最も身近に代表する機関であり、国との連携のもと住民参画を促し住民を守ることにおいて、決定的な役割を果たす。

③地域住民の連帯
チェルノブイリの惨事が白日の下にさらしたのは、核の事故が地方・国・世界の地域の境界

にとどまらないという現実である。

原子力の安全は国の政治・行政上の制限によって縛られてはならない。国の縛りを超えて関係諸地域すべてをイコールパートナーとする真の地域住民の団結と越境的協力体制が必要である。

④透明性と情報

広範で継続的な情報アクセスが確立されなければならない。国際機関、各国政府、原子力事業者、発電所長は、偽りのない詳細な情報を隣接地域とその周辺、国際社会に対して提供する義務を有する。この義務は平時においても緊急時においても変わることはない。

⑤関係者の関与と協議

直接の関係者による関与・協議が必須である。国毎の手続きにしたがい、国レベルでは重大な技術的選択、特に原子力エネルギーの選択について、地方レベルでは原発の立地と閉鎖、安全対策について、直接協議を含むあらゆる方法で行われなければならない。

こうした関与は、多大なリスクに対処する唯一効果的な防護策であり、世界規模で安全計画を実行していくにあたって欠かすことのできない安全文化を構築していくために必要である。

宣言では、原子力は人間のコントロールが不能なものになりうるものだという性質を直視し、国の責任と地方・地域自治体の役割分担を明記している。そしてひとたび事故が起これば国境を超えた問題になるため、地域住民が団結し、境界を超えて連帯することの重要性が説かれている。そして、そのためにも国際機関・各国政府・原子力事業者は常に当該地域の住民のみならず隣接地域、そして国際社会に対して情報を提供し、また情報へのアクセスの透明化を平時と緊急時を問わず保障する義務があると明言している。

これが、国際社会の標準なのである。日本の現状といかにかけ離れていることか。

原発事故の初動で、諸外国が日本に対して最初手を差し伸べたものの、すぐにいらだちを隠さなくなった理由は、この「世界の常識」に対しての、日本政府の対応がはるかにかけ離れたものだったからだ。

それだけではない。いわゆる低線量被曝をはじめとする放射線被曝の影響が疫学的にはっきりしないからといって、政府が伝えるべき情報を伝えず、「ただちに健康に影響はない」というあいまいなメッセージだけを伝え続けた結果、国民の間に疑心暗鬼が生まれてしまった。被災ガレキ処理の問題では、福島県内ではどこも引き取り手のない状態が続き、処理のめどが立たない。岩手や宮城のガレキの広域処理の是非をめぐっても、国民同士が罵倒しあうような事態に陥ってしまった。現在の日本は、武器を使わない内戦状態に陥っているのではないだろうか。

避難生活を続けていた双葉郡川内村と広野町が、それぞれ「帰村宣言」を行った。川内村役場などの周辺では、私の住む郡山よりも、むしろ線量が少ないところがいくらでもある。きちんと測定して結果を公開し、帰村するというリスクがとれるか、とれるとしたらどのような除染をすればよいのかをはっきりさせようという試みである。思えば、原発事故直後のＳＰＥＥＤＩのデータは公開されず、双葉郡の人たちには本当に過酷な一年だった。だからよけいに私は、きちんとリスクを回避した帰村が実現するように強く願っている。それは、人々の心から疑心暗鬼を片づけていくプロセスの始まりである、私はそう考えている。

私は、知事五期目の二〇〇六年一〇月、東京地検特捜部に無実の罪で逮捕され、以来裁判闘争を六年近く続け、現在最高裁に上告中である。二審の東京高裁は、「知事に収賄の認識なし」として、収賄額〇円という認定の、前代未聞の有罪判決を下した。「実質的に無罪」ということである。しかし中央政府の論理では、「有罪」を外せないのである。判決の直前に『知事抹殺』を出版したこともあり、講演にチョボチョボ招かれるようになった。

「いわきフォーラム」という勉強会で三回講演した。一回目は地方自治がテーマで、私が知事時代の地方分権法制定までの話をする予定が、その直前に小沢一郎議員の事務所に東京地検が捜査に入ったことから、小沢さんの地元の水沢（胆沢）がアテルイ以来、高野長英、斉藤実と常に中央にいじめられてきた地域であることを話した。二回目は私が「原子力ムラ」と対峙してきた話、三回目は地方分権と道州制がいかに相容れないかという話をした。

三回目の講演が終わって外に出ると、背の高い、学生らしい青年が立っていた。それが開沼博さんだった。求めに応じて、私自身は原発を福島県に導入したころのことは分からないので、自分が経験したこと、政治の道に誘われたころの状況などを中心に話してきた。実際に双葉郡での原発関係者からの聞き取りから構成された修士論文をもとに展開された『「フクシマ」論』に続いて、私の原発以外の政治姿勢や手法について対談のかたちで分析してくださったのが本書である。私の話は、最後には筋が通っているとわかるものの、そこにたどりつくまでがあまりにも長いので常人には理解不能である、と評されることもあり、またある種の「カン」で決断をしていることもあるので、ロジックとして構成するのは困難であったと思われるが、よく理論化してくださったと感謝している。

東日本大震災と福島原発事故で、私たちはこれだけの犠牲を払いながら、いま、元の木阿弥に戻りつつあるような気がしてならない。震災で亡くなった方々、心や身体が傷つけられた方々、そして、現在も避難生活を続けたり、不安におののいている福島の人たちのためにも、「スラヴィティチ基本原則」が訴える国と地方自治体の役割分担、住民との連携、情報公開が、日本でも当たり前のことにならなければならない。それを実現させるために、私は自分に残された時間を捧げたいと考えている。

二〇一二年二月七日

佐藤栄佐久

# 注

（1）「口述の歴史」のこと。なぜ「口述の」という点が重要かと言えば、これまでの歴史研究がしばしば「文書をもとにした歴史」を中心に編まれ、文書として形に残らぬものを「歴史ではないもの」としてしまってきたことへの問題意識があるからだ。政治学や社会学でとりわけここ二〇年ほどの間に注目を集めるようになってきた。中央政府や大企業、あるいは中央のマスメディアの中で、相対的に文書に残されることが少なかった地方の歴史、福島の歴史を描きなおす上で、当事者の口述記録を利用する意義は大きい。

（2）ドイツの政治学者カール・シュミット（一八八八‐一九八五）、イタリアの哲学者ジョルジョ・アガンベン（一九四二‐　）などが論じてきた概念で、ここでの言及は、ざっくり言うと、シュミットによる政治的な主権の所在と例外状態の関係の考えによっている部分が大きい。

（3）公益社団法人日本青年会議所。地域に根付いた企業の若手経営者などを中心に四〇歳までのメンバーによって構成される団体で、各地域に支部もある。かつて麻生太郎元首相が会頭をしたことでも有名で、その際、佐藤栄佐久氏は副会頭だった。

（4）宮沢喜一（一九一九‐二〇〇七）は東京都出身の官僚、政治家。東京帝国大学法学部を卒業後、大蔵省に入省。一九五三年、第三回参議院議員通常選挙に広島県選挙区から出馬し初当選。その後、衆参あわせて国会議員在職合計四九年に至る。一九八六年、宏池会会長に就任し、八〇年代後半から九三年に自民党が三八年間の長期支配を終えるまで自民党の中心的存在だった。

（5）二〇一一年六月に九州電力の玄海原発再稼動に向けた佐賀県民向けの住民説明会において、九電が関係企業の社員に再稼動を支持する旨の電子メールを投稿するように指示したことが明るみになった事件。

(6) 伊東正義（一九一三‐一九九四）は会津若松市出身の官僚、政治家。東京帝国大学法学部を卒業後、農林省に入省。一九六三年から一九九四年までの間に国会議員を合計九期務める。鈴木善幸内閣では外務大臣、大平内閣では内閣官房長官。また自民党の政調会長、総務会長なども歴任。

(7) 斎藤邦吉（一九〇九‐一九九二）は相馬市出身の官僚、政治家。東京帝国大学法学部を卒業後、内務省を経て、労働省に入省し労働事務次官等を経験。一九五七年、福島県知事選では、戦後復興期の福島県において只見川開発を積極的に進めた大竹作摩の跡を自民党が分裂する形で佐藤善一郎と争い敗れる。これは後の原発立地に進む福島県政の権力構造を形作る一つの分岐点となったが、詳細は『「フクシマ」論』の三章等を参照。しかし、翌年には代議士になり、厚生大臣、宏池会会長代行等を務める。

(8) 池田香代子（一九四八‐　）はドイツ文学者、翻訳家。『ソフィーの世界』や『世界がもし100人の村だったら』などをはじめとするベストセラーを世に送り出してきた。

(9) エドマンド・バーク（一七二九‐一七九七）はイギリスの哲学者、政治家。『フランス革命の省察』をはじめとする作品の中では、フランス革命や絶対王政を批判し議会制を推奨。急進的な社会変化、それを求める状況の問題点を指摘する一方で、大切にすべきものを論じる。「保守主義の父」として知られる。佐藤栄佐久氏の言う「ファシズム的なもの」への反感や江戸の思想などをベースとした環境や伝統を志向する思想などとの共通性の検討はさらに進められるべきだろう。

(10) ヴァレリー・ジスカールデスタン（一九二六‐　）はフランスの政治家。一九七四年から一九八一年までフランス大統領を務めた。在任中、サミット（先進国首脳会議）の開催を他国に発案、実現した。

(11) カザフスタンとウズベキスタンにまたがる塩湖。社会主義体制下の開発によって湖が広範囲にわたって縮小しさまざまな弊害が生まれた。「二〇世紀最大の環境破壊」とも言われる。

(12) 安積艮斎（一七九一‐一八六一）は江戸末期の朱子学者。二本松藩の郡山にある安積国造神社の宮司の家に生まれ一七歳で江戸に出て学問を修め、一八一四年、神田駿河台に私塾「見山楼」を開き、岩崎弥太郎や吉田松陰に影響を与えた。

(13) エーリッヒ・フロム（一九〇〇 - 一九八〇）はドイツの社会心理学者。一九四一年に刊行された『自由からの逃走』では、当時勢いを増していたファシズムの成立要因をいちはやく分析し、後の研究に大きな影響を与えた。

(14) マイケル・ヘイデン・アマコスト（一九三七 - ）は一九六九年国務省に入省以来、ホワイトハウス特別研究員、国務省政策立案スタッフ、駐日アメリカ大使特別補佐官、政治担当国務次官、国務長官代行などを歴任。一九八九年に駐日大使に就任し、日米貿易摩擦、湾岸戦争などにおいて日本に対して強硬な態度を示した。

(15) 長洲一二（一九一九 - 一九九九）は経済学者、政治家。一九四四年東京商科大学（現一橋大学）卒業後、三菱重工業、大日本帝国海軍などを経て、一九四九年横浜国立大学講師、一九五一年同助教授、一九六三年同教授。一九七五年から一九九五年まで五期二〇年間、神奈川県知事を務めた。当初は革新自治体の代表例とされ、「地方の時代」という語を唱えながら地方分権の必要性を説くなどした。

(16) 玉野井芳郎（一九一八 - 一九八五）は経済学者。一九四一年東北帝国大学法文学部卒業後、同大助手、講師、助教授、東京大学教養学部助教授、教授などを歴任。元は経済理論、経済学説史などを専門としたが、エコロジーやジェンダーなどの理論を紹介するようになる。

(17) 当時の社会党委員長の村山富市（一九二四 - ）を首班とし、一九九四年六月三〇日から一九九五年八月八日まで続いた内閣。一九四八年の片山哲内閣以来、四六年ぶりの社会党委員長を首班とする内閣であり、阪神・淡路大震災、地下鉄サリン事件という日本史に残る災害・事件を経験した。

(18) 川崎二郎（一九四七 - ）は三重県出身の政治家。一九九八年に小渕恵三内閣で運輸大臣、二〇〇五年に第三次小泉内閣で厚生労働大臣などを歴任。

(19) 津島雄二（一九三〇 - ）は青森県出身の政治家。主に自民党に所属しながら厚生大臣などを歴任。二〇〇九年に政界引退。

(20) 谷垣禎一(一九四五‐)は京都府出身の政治家。第二四代自由民主党総裁。東京大学法学部卒業。一九八三年に初当選。財務大臣や国土交通大臣などを歴任。

(21) 大島理森(一九四六‐)は青森県出身の政治家。慶應義塾大学法学部卒業後、毎日新聞に勤務した後、一九八三年から衆議院議員。文部大臣、農林水産大臣、自民党幹事長などを歴任。

(22) レマン湖は面積の約2/5がフランス、約3/5がスイスにある淡水湖。ジュネーブ湖とも呼ばれる。

(23) 一九九五年に福島県で開催された第五〇回国民体育大会。県鳥である「きびたき」をキャラクター化した「キビタン」は黄色のボールのようなシンプルなデザインながら親しみやすさをもち福島県のPRキャラクターとして定着した。二〇〇一年のうつくしま未来博でもPRキャラクターとして登場し、「キビママ」「キビィ」「キビマル」が加わって四人家族になった。

(24) 「ゲマインシャフト」から「ゲゼルシャフト」」はドイツの社会学者、テンニース(一八五五‐一九三六)が唱えた理論。地縁・血縁を中心とした社会から利害関係を中心とした社会への変化を指摘。ただし、一概にどちらが悪いという価値判断をしたわけでは必ずしもない。

(25) Jヴィレッジは一九九七年に開設された日本サッカー界初のナショナルトレーニングセンター、スポーツ・宿泊施設。広野町と楢葉町に跨がって立地し、ちょうど福島第一原発から二〇キロラインに位置することもあり、事故後は警戒区域内の作業員の中継地点などとして活用されている。

(26) フィリップ・トルシエ(一九五五‐)は一九九九年から二〇〇四年までサッカー日本代表監督をつとめた。

(27) 下村満子(一九三八‐)は慶應義塾大学経済学部を卒業後、朝日新聞に入社。朝日ジャーナル編集長などを務める。

(28) 猪口邦子(一九五二‐)は政治家、政治学者。元上智大学教授、元衆議院議員。現在は参議院議員。

(29) 片山善博(一九五一‐)は元官僚、政治家。東京大学法学部を卒業後、自治省に入省。一九九九年から二〇〇七年まで鳥取県知事を二期務める。菅直人内閣で民間からの登用として総務大臣を務める。

（30）ラムサール条約は湿地の保存に関する国際条約。一九七一年に制定。日本では、釧路湿原、阿寒湖、尾瀬、琵琶湖、宍道湖、屋久島永田浜など三八ヵ所が登録されている。

（31）後藤田正晴（一九一四‐二〇〇五）は徳島県出身の警察官僚、政治家。警察庁長官、中曽根内閣で内閣官房長官、宮沢内閣で法務大臣などを歴任。

（32）ポスト・コロニアリズムは西欧中心主義的な考え方に疑問をなげかけ、抑圧されてきた旧植民地文化の見直しを唱える文化研究。エドワード・サイードの『オリエンタリズム』によって確立された。

（33）阿弖流為（生年不詳‐八〇二）は平安時代初期の蝦夷の軍事指導者。七八九年に現在の岩手県奥州市を攻めた朝廷軍と戦い、坂上田村麻呂に処刑される。古代の東北地方における英雄とされ、小説や舞台の題材にされることも多い。

（34）高野長英（一八〇五‐一八五〇）は岩手県出身。長崎にてシーボルトに学んだ江戸時代の医者、蘭学者。蛮社の獄にて捕えられる。

（35）金丸信（一九一四‐一九九六）は山梨県出身の政治家。一九五八年から一九九二年まで衆議院議員を一二期務める。建設大臣、国土庁長官、防衛庁長官、副総理などを歴任。東京佐川急便事件で辞職。

（36）村田敬次郎（一九二三‐二〇〇三）は愛知県出身の政治家。旧京都帝国大学から自治省に入省。通産大臣や自治大臣を歴任。首都機能移転論者としても有名。

（37）石橋克彦（一九四四‐　）は神戸大学名誉教授。一九七六年に「駿河湾地震説」を発表し、のちの東海地震説につながった。大地震によって原子力発電所の炉心溶融する危険性を以前から指摘し、福島第一原発事故を予見したともいえる。地震災害と放射能汚染が絡み合った「原発震災」の懸念に対して警鐘をならしつづけた。

（38）addiction は「嗜癖（しへき）」などと訳される、特定の人間関係、もの、行動などを正常の範囲を超えて好むことを指す。それは、その当事者にとっては逃れようにも逃れらない衝動的で脅迫的な形であらわれる。本文にもあるとおり、臨床心理学の分野などで注目される概念であるが（信田さよ子『依存症』などを参照)、そのような個人を考える際のみならず、イギリスの社会学、アンソニー・ギデンズ(一九三八- )の議論など、ある集団やある社会を考える上でも用いられる概念となってきている。

(39) 日本学術会議は内閣府の機関。科学振興や国民への浸透を目的とし、政策の提言なども行う。内閣総理大臣によって任命された二一〇人の会員によって運営される。

# 参考文献


飯田哲也「日本のエネルギー政策は空っぽの洞窟」(『論座』二〇〇三年八月号所収)講談社
飯田哲也・佐藤栄佐久・河野太郎『「原子力ムラ」を超えて——ポスト福島のエネルギー政策』NHKブックス、二〇一一年
大熊町史編纂委員会『大熊町史　第一巻(通史)』大熊町、一九八五年
開沼博『「フクシマ」論——原子力ムラはなぜ生まれたのか』青土社、二〇一一年
ギデンズ、アンソニー(佐和隆光訳)『暴走する世界——グローバリゼーションは世界をどう変えるか』ダイヤモンド社、二〇〇一年
草野比佐男『定本・村の女は眠れない』梨の木舎、一九七二=二〇〇四年
児玉龍彦『内部被曝の真実』幻冬舎新書、二〇一一年
佐藤栄佐久『知事抹殺——つくられた福島県汚職事件』平凡社、二〇〇九年
佐藤栄佐久『福島原発の真実』平凡社新書、二〇一一年
SEEDS出版、飯舘村監修『までいの力』SEEDS出版、二〇一一年
玉野井芳郎『地域分権の思想』東洋経済新報社、一九七七年
テンニエス(杉之原寿一訳)『ゲマインシャフトとゲゼルシャフト——純粋社会学の基本概念(上・下)』岩波文庫、一九五七年
富岡町史編纂委員会『富岡町史　第一巻(通史編)』富岡町、一九八八年

浪江町史編集委員会『浪江町史』浪江町教育委員会、一九七四年
楢葉町史編纂委員会『楢葉町史　第一巻（通史　下）』楢葉町教育委員会、一九九五年
信田さよ子『依存症』文藝春秋、二〇〇〇年
バーク、エドマンド（半沢孝麿訳）『フランス革命の省察』みすず書房、一九九七年
萩元晴彦・村木良彦・今野勉『お前はただの現在にすぎない――テレビになにが可能か』朝日新聞出版、一九六九＝二〇〇八年
フロム、エーリッヒ（日高六郎訳）『自由からの逃走　新版』東京創元社、一九六五年
福島県エネルギー政策検討会『「あなたはどう考えますか？――日本のエネルギー政策」エネルギー政策検討会「中間とりまとめ」』福島県企画調整部地域づくり推進室エネルギー政策グループ、二〇〇二年
双葉町史編さん委員会『双葉町史　第一巻（通史編）』福島県双葉町、一九九五年
御厨貴『オーラル・ヒストリー――現代史のための口述記録』中公新書、二〇〇二年
宮沢喜一・高坂正堯『美しい日本への挑戦』文藝春秋、一九八四年
宮台真司・飯田哲也『原発社会からの離脱――自然エネルギーと共同体自治に向けて』講談社現代新書、二〇一一年
山下文男『津波てんでんこ――近代日本の津波史』新日本出版社、二〇〇八年
山下祐介・開沼博編著『「原発避難」論――避難の実像からセカンドタウン、故郷再生まで』明石書店、二〇一二年

# 地方の論理
## フクシマから考える日本の未来

2012年3月15日　第1刷印刷
2012年3月30日　第1刷発行

著者――――佐藤栄佐久 ＋ 開沼博

発行人―――清水一人
発行所―――青土社
東京都千代田区神田神保町1－29 市瀬ビル　〒101-0051
電話　03-3291-9831（編集）　03-3294-7829（営業）
振替　00190-7-192955

印刷所―――ディグ（本文）
方英社（カバー・表紙・扉）
製本――――小泉製本

装丁――――菊地信義


ISBN978-4-7917-6620-8 C0030